AF330979

Joconde, qui ....
voir ce sein charmant d'Edile qu'il n'avoit pu frapper, & qu'il mouroit d'envie de baiser encore, trouva que Socrate n'eût pas mieux raisonné qu'Astolphe, & se rendit à son avis. Tous les deux se leverent après avoir embrassé Flamette ; ils firent appeller son amant, qui s'en vint l'oreille basse, n'osant les regarder, & cependant le vaurien rioit sous cape & se mordoit les levres : les deux amis firent de nouveaux éclats de rire en le voyant, prirent la main de Flamette, la mirent dans la sienne; & tirant de leurs coffres une forte cassette pleine d'or, ils la lui donnerent pour dot.

Le projet qu'ils venoient d'arrêter entre eux étoit trop sage pour qu'ils différassent à l'exécuter ; & tous les deux volerent dans les bras de leurs moitiés, qu'ils retrouverent plus caressantes & plus aimables que jamais.

C'est ainsi que l'hôte conta son histoire, qui fut écoutée avec bien de l'attention.

l'impie se mit à rire ; & comme un homme qui n'a nulle idée d'aucune espece de religion, il se moqua de son dessein & de l'erreur qui l'aveugloit en lui suggérant d'enterrer tant de charmes : " Vous seriez plus coupable, lui dit-il, que l'avare qu'on voit enterrer ses trésors sans en jouir & pour en priver les autres. Ce sont les bêtes féroces & nuisibles, poursuivit-il, qu'il faut enfermer ; mais ce seroit un crime que de soustraire aux yeux la plus charmante personne de l'univers. "

Le bon hermite craignant que de pareils propos ne fissent quelque impression sur Isabelle, prit la parole, & s'éleva contre les propos du Sarasin, qui goûta très-peu les bonnes raisons de l'hermite. On sait assez à quel point Rodomont étoit mauvais disputeur, & comment il écoutoit les contradictions. Le pauvre moine, plein de ferveur, parloit, & l'interrompoit toujours : l'impatient Sarasin, perdant enfin toute patience, le saisit brusquement au col...

ABRÉGÉ

DES

GÉOGRAPHIES.

Méridien
Pôle Septentrional.
Hor
Arctique
Concr.
Coluire
Cere Pol
du
du
du
dia
Tropiq.
Nord
Horizon
Capricorne
Sud
Tropique du
Cere Pol
monde
Ecorn
Antar
Pôle Méridional.

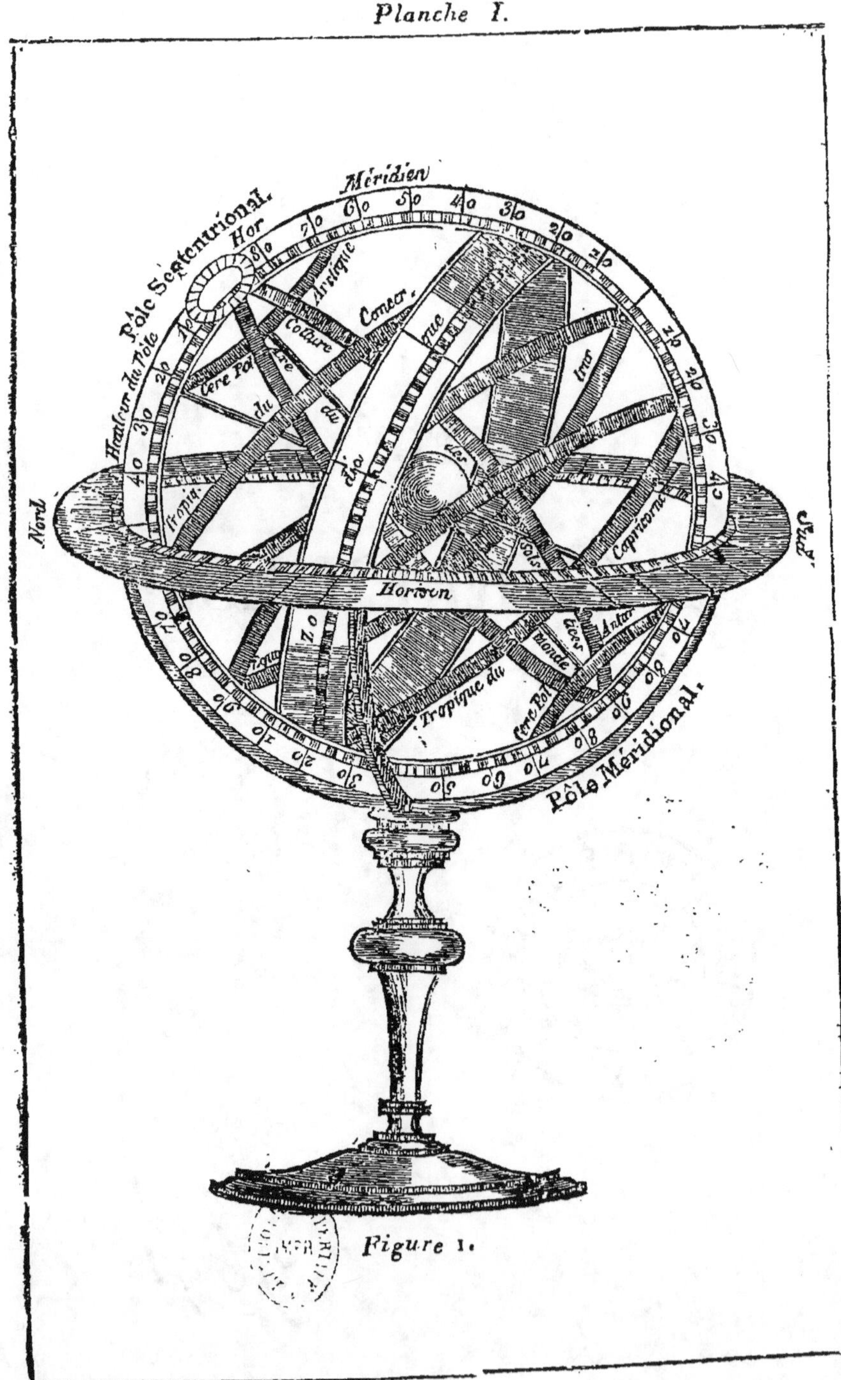

Figure 1.

ABRÉGÉ

DES

GÉOGRAPHIES

DE CROZAT,

N. DE LA CROIX ET LANGLET-DUFRESNOY,

PAR DEMANDES ET RÉPONSES ;

PRÉCÉDÉ D'UN TRAITÉ DE LA SPHÈRE,

AVEC 16 FIGURES POUR SA DÉMONSTRATION.

NOUVELLE ÉDITION,

Considérablement augmentée et corrigée d'après les actes
du congrès de Vienne, les traités de Paris de 1814 et
1815, les événemens de 1830, etc. ornée de cartes.

A L'USAGE DE LA JEUNESSE.

PARIS,

DOMINIQUE BELIN, LIBRAIRE.

AVIGNON,

A. CHAMBEAU, IMPRIMEUR-LIBRAIRE.
PRÈS LE COLLÉGE ROYAL.

1834.

AVIS AU RELIEUR
POUR PLACER LES CARTES.

Mappe-Monde ,	Page	28
Carte d'Europe ,		34
—— de France ,		36

TABLE

DES CHAPITRES.

Notions générales. De la Sphère.   Pag.   1
Des cercles de la Sphère.   5
De l'Equateur.   5
Du Zodiaque.   *ibid.*
Des deux Colures.   7
De l'Horizon.   9
Du Méridien.   10
Des Tropiques et des cerclez Polaires.   11
Des Astres et de leurs mouvemens.   13
Des Etoiles fixes.   14
Des Planètes en général.   *ibid.*
Du Soleil.   15
De la Lune.   17
Des autres Planètes et de leurs satellites.   21
Des positions de la Sphère.   22
CHAPITRE PRÉLIMINAIRE. Des principaux cercles de la Mappe-monde, et des quatre points cardinaux ; des termes qui appartiennent à la Géographie et de la division du Globe terrestre.   29
CHAPITRE PREMIER. Division de l'Europe.   35
ARTICLE PREMIER. De la France.   36
Division de la France.   39
Tableau comparatif des ancienne et nouvelle divisions de la France.   86
ART. II. De l'Italie.   88
Partie septentrionale.   89
Royaume Lombard-Vénitien, ou états en Italie de l'Empereur d'Autriche, etc.   97
Partie méridionale.   100

Royaume de Naples. . . 100
Des principales îles de l'Italie. 102
Art. III. Des Iles Ioniennes. 104
Art. IV. De la Grèce, autrefois Turquie méridionale. *ib.*
Art. V. De l'Espagne. 106
Art. VI. Du Portugal. 110
Art. VII. De la Suisse. 112
Art. VIII. De la Belgique. 114
Art. IX. De la Hollande. 116
Art. X. De l'Allemagne ou de la Confédération Germanique. 119
Art. XI. Empire d'Autriche. 127
Art. XII. Royaume de Prusse. 129
Art. XIII. Des Iles Britanniques. 132
§ I. De l'Angleterre. 133
§ II. De l'Ecosse. 135
§ III. De l'Irlande. 136
Art. XIV. Etats du roi de Danemarck. 137
§ I. Du Danemarck. *ibid.*
§ II. De l'Islande. 138
Art. XV. De la Suède et de la Norwége. 139
Art. XVI. De l'Empire de Russie. 141
Royaume de Pologne. 145
Art. XVII. De la Turquie. 148
De la Turquie d'Europe. 149
Chap. II. De l'Asie. 151
Art. I. De la Turquie d'Asie. 152
§ I. De l'Anatolie. *ibid.*
§ II. De la Syrie. 153
§ III. De la Turcomanie. 154
§ IV. Du Diarbeck. 155
§ V. Des Iles de la Turquie d'Asie. *ibid.*
Art. II. De l'Arabie. 156
Art. III. De la Perse. 157
Art. IV. De l'Inde. 159
Art. V. De la Chine. 163
§ I. Des provinces septentrionales. 165
§ II. Des provinces méridionales. *ibid.*
Art. VI. De la grande Tartarie. 166
§ I. De la Tartarie chinoise. *ibid.*

§ II. De la Tartarie indépendante. 168
§ III. De la Russie asiatique, ou Tartarie russe. *ibid.*
Art. VII. Des îles de l'Asie. 169
Chap. III. De l'Afrique. 172
Art. I. De l'Egypte. 173
Art. II. De la Barbarie. 174
Art. III. Du Sahara, ou Désert de la Barbarie. 175
Art. IV. De la Guinée. *ibid.*
Art. V. De la Nigritie, ou Soudan. 177
Art. VI. De la Nubie. *ibid.*
Art. VII. De l'Abyssinie. 178
Art. VIII. Du Congo. *ibid.*
Art. IX. De la Cafrerie pure. 179
Art. X. De la Cafrerie mélangée. 180
  § I. Du Zanguebar. *ibid.*
  § II. De la côte d'Ajan. 181
  § III. Du royaume d'Adel. 182
Art. XI. Des îles de l'Afrique. *ibid.*
  § I. Des îles à l'orient de l'Afrique. *ibid.*
  § II. Des îles à l'occident de l'Afrique. 183
Chap. IV. De l'Amérique. *ibid.*
Art. I. De l'Amérique septentrionale. 185
  § I. Du Canada et de la Louisiane. 186
  § II. Des Etats-Unis d'Amérique. *ibid.*
  § III. De la Floride. 188
  § IV. Du Mexique, ou de la Nouvelle Espagne. *ibid.*
  § V. Du Nouveau Mexique. *ibid.*
  § VI. Des nouvelles découvertes à l'ouest et au
    nord du Canada, et de l'Amérique russe. 190
  § VII. Des îles de l'Amérique septentrionale. 191
Art. II. De l'Amérique méridionale. 192
  § I. De la Terre-Ferme. *ibid.*
  § II. Du Pérou. 193
  § III. du Chili. 194
  § IV. Du pays des Amazones. 195
  § V. Du Brésil. *ibid.*
  § VI. De la Guyane. 197
  § VII. Du Paraguay *ibid.*
  § VIII. De la terre Magellanique ou Patagonie, et
    de la Terre de Feu. 198

viij   TAALE DES CHAPITRES.

Chap. V. De l'Océanie, ou cinquième partie du
    monde.   199
Art. I. De l'Australie.   199
Art. II. De l'Archipel d'Asie, ou Notasie.   200
Art. III. De la Polynésie.   *ibid.*
Epoques des principales découvertes.   201
Tableau approximatif de la population du monde
    connu.   204
Table Alphabétique des villes.   205

FIN DE LA TABLE DES CHAPITRES.

TRAITÉ ABRÉGÉ

DE LA SPHÈRE.

———

NOTIONS GÉNÉRALES.

D. Qu'entend-on par le mot sphère ?

R. Le mot *sphère* signifie globe ou boule. On donne ordinairement ce nom à une machine composée de plusieurs cercles, au milieu desquels est une petite boule qui représente la terre. Cette machine se nomme *sphère armillaire*, sphère de Ptolémée (1), ou simplement sphère. Elle représente le monde ou la sphère naturelle, *fig.* 1. *pl.* I.

D. Qu'est-ce que le monde ?

R. Le *monde* est l'assemblage de tous les corps que Dieu a créés ; ce qui comprend toute la vaste étendue du ciel avec les astres qui y sont, et la terre qui paraît immobile au milieu.

D. Quelle est la forme du monde ?

R. Selon l'opinion la plus commune, le monde est *rond* ; mais ne fût-ce qu'une supposition, elle sert à faire comprendre plus facilement ce qui se

———

(1) Quoique le système du monde de Ptolémée ne soit plus suivi par les astronomes, il est adopté ici parce qu'il est plus conforme aux mouvemens apparens des astres, et que c'est lui qui est représenté dans la sphère artificielle. Dans le système de Ptolémée, la terre est supposée au centre du monde, dans celui de Copernic, qui est le vrai système du monde, la terre, aussi bien que les planètes, tourne autour du soleil qui est fixe.

1

passe dans le ciel, et elle n'y apporte aucun changement.

D. Qu'est-ce que le ciel?

R. Le *ciel* est le grand espace où sont les corps célestes. Son extrémité est la même que celle du monde ; c'est pourquoi sa figure étant supposée ronde, on lui donne le nom de sphère céleste.

D. Comment se fait le mouvement du ciel ?

R. Ce mouvement paraît se faire d'orient en occident, autour d'une ligne qui est supposée passer par le centre de la terre, et aller se terminer en deux points opposés du ciel, lesquels seuls ne changent pas de place. Tous les astres sont emportés par ce mouvement.

D. Comment nomme-t-on la ligne autour de laquelle se fait ce mouvement ?

R. Elle s'appelle l'*axe* ou *essieu* du monde, parce que le ciel et les astres se meuvent autour de cette ligne comme une roue autour de son essieu.

D. Comment appelle-t-on les deux points du ciel où l'axe se termine ?

R. On les nomme les *pôles du ciel* ou *du monde*, l'un est le pôle septentrional ou arctique ; l'autre, le pôle méridional ou antarctique.

D. Les astres n'ont-ils pas un autre mouvement ?

R. Outre ce mouvement qu'on appelle commun ou journalier, par lequel les astres tournent avec le ciel, d'orient en occident, ils en ont encore un autre qui leur est propre, par lequel ils vont d'occident en orient.

D. Comment détermine-t-on la situation *des* astres, leur mouvement et leurs distances respectives?

R. On a imaginé pour cela dans le ciel divers cercles au moyen desquels on est parvenu à le diviser en parties déterminées, et à prendre ainsi des points et des positions fixes. On s'est servi de ces mêmes cercles pour diviser la terre en les appliquant aux lieux qui paraissent répondre aux cercles marqués dans le ciel. C'est pour faciliter cette étude qu'on a imaginé la *Sphère* dont nous avons parlé, qui, nous le répétons, est un assemblage de points, de lignes, de cercles imaginaires, qui servent à reconnaître la marche des astres dans le ciel, et qu'on applique aux différentes divisions de la terre, *fig.* I.

DES CERCLES DE LA SPHÈRE.

D. Qu'est-ce qu'un cercle ?

R. Si on appuie la pointe d'un compas sur un papier, et que l'on fasse tourner l'autre branche, la ligne que la pointe de cette seconde branche décrira dans son mouvement est la circonférence du cercle : le plan du cercle ou le cercle est l'espace même renfermé dans cette ligne. On doit donc s'imaginer que les cercles de la sphère artificielle, qui ne sont presque que de circonférences, n'ont point de vide jusqu'à leur centre.

D. Combien distingue-t-on de sortes de cercles dans la sphère ?

R. Il y a deux sortes de *cercles* dans la sphère, les *grands* et les *petits*.

D. Qu'entendez-vous par grands cercles de la sphère ?

R. Les *grands cercles* sont ceux qui coupent la sphère en deux parties égales, et qui par conséquent ont le même centre que la sphère.

D. Qu'est-ce que les petits cercles de la sphère?

R. Les *petits cercles* sont ceux qui n'ayant pas le même centre que la sphère, la coupent en deux parties inégales.

D. Qu'est-ce que l'*axe* d'un cercle, les *pôles* d'un cercle dans la sphère?

R. Dans la déscription de la sphère, on appelle *axe* une ligne qui passe par le centre d'un cercle, ou d'une sphère, et se prolonge de chaque côte, *fig.* 2, AB. On appelle *pôle* ou *pivot* chacun des deux points par lequel l'axe touche la circonférence du cercle ou de la sphère, et sur lesquels elle pourrait tourner si l'axe était prolongé par chacune de ces extrémités, *fig.* 2, CD. Si l'on suppose un plan passant par le centre d'un globe ou d'une sphère, entre ces deux pôles, il se divise en deux parties égales appelées hémisphères, ou moitié de sphère, *fig.* 2, EF.

D. Qu'entendez-vous par cercles parallèles? *fig.* 5.

R. Des cercles sont parallèles quand ils sont également éloignés l'un de l'autre dans toute leur étendue.

D. Comment divise-t-on la circonférence d'un cercle?

R. On divise tout cercle, ou sa circonférence, en trois cent soixante parties égales, qu'on appelle degrés. Chaque degré se subdivise en soixante parties, qu'on appelle minutes; chaque minute en soixante parties, nommées secondes, etc. Dans les sphères ordinaires on ne marque que les degrés.

D. Combien y a-t-il de cercles à remarquer dans la sphère?

R. Il y en a dix: six grands et quatre petits.

Les grands sont l'Equateur, le Zodiaque, les deux Colures, l'Horizon et le Méridien.

Les petits sont les deux Tropiques et les deux cercles polaires.

DE L'EQUATEUR.

D. Q'nest-ce que l'équateur?

R. L'*équateur* est un grand cercle dont tous les points sont également distans des deux pôles du monde : il coupe ou divise la sphère en deux parties égales : l'une septentrionale, vers le pôle arctique, et l'autre méridionale, vers le pôle antarctique.

D. Ce cercle n'a-t-il pas encore un autre nom?

R. Oui : on le nomme aussi ligne *équinoxiale*, parce que quand le soleil s'y rencontre, et le décrit par son mouvement diurne, c'est le temps des *équinoxes.*

DU ZODIAQUE.

D. Qu'est-ce que le Zodiaque?

R. Le *zodiaque* n'est pas un véritable cercle, puisque sa circonférence a de la largeur sur la surface de la sphère, et que la circonférence d'un cercle n'en a point. On a donné au zodiaque seize degrés de largeur, pour y comprendre le cours des planètes : mais parmi les petites planètes récemment découvertes, il en est une qui s'écarte de trente-cinq degrés, au sud et au nord de l'écliptique ; il faudrait donc donner actuellement soixante dix degrés de largeur au zodiaque.

L'équateur coupe le zodiaque en deux parties égales, dont l'une est septentrionale et l'autre méridionale.

D. Comment nomme-t-on le grand cercle dont la circonférence partage en deux parties égales la largeur du zodiaque?

R. On nomme ce grand cercle *écliptique* ; ce cercle est celui que paraît décrire le soleil dans son mouvement annuel. On l'appelle ainsi, parce que c'est dans le plan de ce cercle que se forment les éclipses de soleil et de lune. L'écliptique coupe l'équateur, de manière que la plus grande distance de ces deux cercles est d'environ vingt-trois degrés et demi ; les deux points opposés de l'écliptique qui sont à cette distance de l'équateur, se nomment *solstices*, parce que le soleil arrivé à ces points de sa révolution, paraît s'arrêter avant de revenir sur ses pas.

D. Comment divise-t-on le zodiaque ?

R: Le zodiaque est divisé en douze parties égales qu'on appelle signes : chacun de ces signes contient trente degrés ; il y a en a six vers le septentrion et six vers le midi. Voici les noms de ces signes. Les caractères qui servent à les représenter se trouvent dans la *Planche* 4, *fig.* 12.

Les six septentrionaux sont : *Aries*, le Bélier, *Taurus*, le Taurau, *Gemini*, les Gémeaux, *Cancer*, l'Ecrévisse, *Léo*, le Lion, et *Virgo*, la Vierge.

Les six méridionaux sont : *Libra*, la Balance, *Scorpius*, le Scorpion, *Sagittarius*, le Sagittaire, *Capricornus*, le capricorne, *Aquarius*, le Verseau, et *Pisces*, les Poissons.

D. A quoi répondent les douze signes du zodiaque ?

R. Ces douze signes répondent aux douze mois de l'année. Le soleil entre au signe du Bélier vers le 20 mars ; à la fin d'avril il entre dans le signe suivant, et ainsi de suite dans les autres signes.

D. Quel est l'ordre des signes ?

R. L'ordre des signes est d'occident en orient, suivant le mouvement propre du soleil.

DES DEUX COLURES.

D. Qu'est-ce que les colures ?

R. Les *colures* sont deux grands cercles qui passent par les pôles du monde : l'un coupe l'équateur aux deux points des *équinoxes* ; on le nomme colure des *équinoxes* ; l'autre passe par les deux points de l'écliptique les plus éloignés de l'équateur, qui sont les points des *solstices*, et on le nomme colure des *solstices*.

D. Quels sont les points des équinoxes ?

R. Les points des équinoxes sont le commencement du Bélier et de la Balance ; quand le soleil s'y trouve, le jour est égal et la nuit par toute la terre.

D. A quelle époque de l'année arrivent les équinoxes ?

R. Lorsque le soleil entre dans le signe du Bélier, ce qui arrive vers le 20 mars, c'est dans notre hémisphère l'équinoxe du printemps ; lorsqu'il entre au signe de la Balance, ce qui arrive vers le 22 septembre ; c'est l'équinoxe d'automne : c'est le contraire pour l'hémisphère opposé, *fig.* 3.

D. Quels sont les points des solstices ?

R. Les points des solstices sont le commencement des signes du Cancer et du Capricorne. Le premier degré du Cancer est pour l'Europe le point du solstice d'été ; nous avons alors le plus long jour de l'année ; le premier degré du Capricorne est le point du solstice d'hiver, c'est pour nous le jour le plus court de l'année.

D. Dans quel temps de l'année arrivent les solstices ?

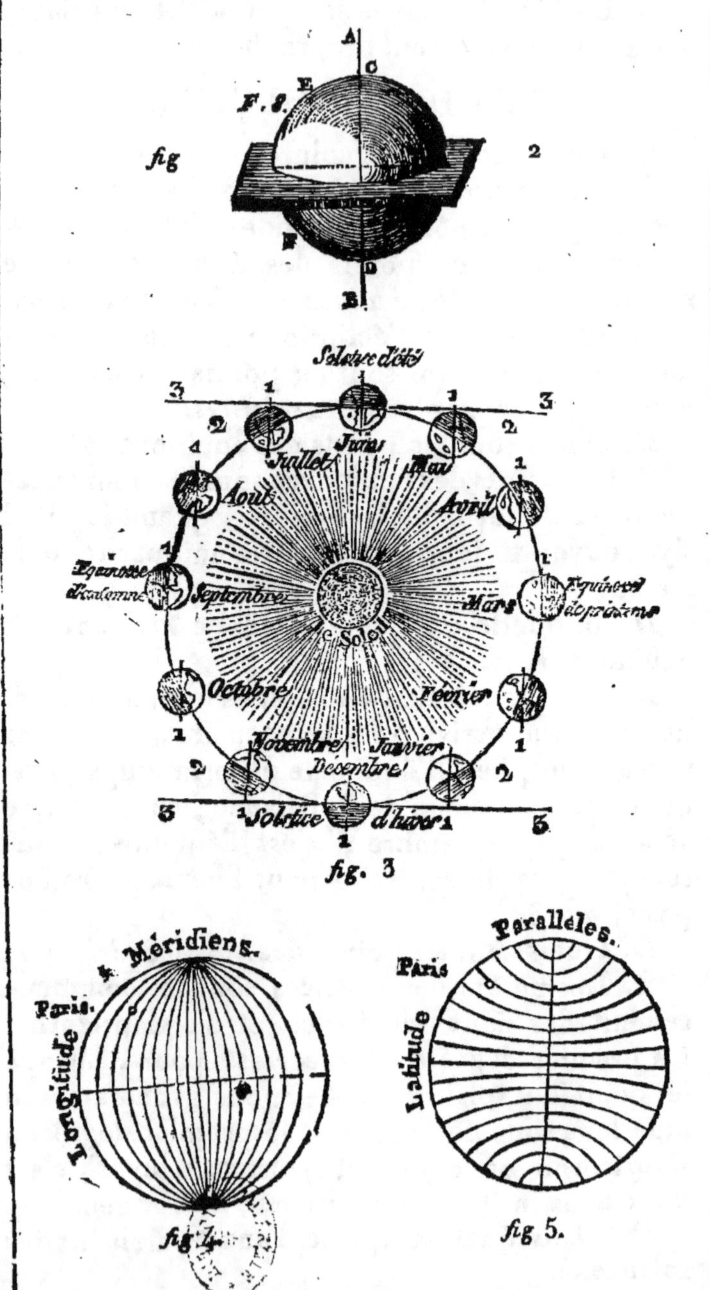

A
C
E
F. 8.
fig
2
F
D
B
Solstice d'été
3
1
1
3
2
2
Juin
4
Juillet
Mai
1
Août
Avril
1
Équinoxe
d'automne
Septembre
Mars
1
Équinoxe
du printems
le Soleil
Octobre
Février
1
1
Novembre
Janvier
2
Décembre
2
3
Solstice
d'hiver
3
1
fig. 3
Méridiens.
Parallèles.
Paris
Paris
Longitude
Latitude
fig 4.
fig 5.

R. Le soleil entre au signe du Cancer vers le 22 juin ; il entre au signe du Capricorne vers le 22 décembre, *fig.* 3.

Cette figure indique encore les deux mouvemens de la terre. D'abord toutes les vingt-quatre heures elle tourne sur son axe, comme une boule qui tourne sans changer de place. L'autre mouvement qu'elle exécute en 365 jours 50 minutes, ce qui forme l'année ; est progressif ; la terre avance ainsi comme la roue d'un char qui est en mouvement. On voit que de ce mouvement journalier de la terre résulte les jours et les nuits.

DE L'HORIZON.

D. Qu'est-ce que l'horizon ?

R. *L'horizon* est un grand cercle qui sépare la partie visible du ciel d'avec celle qui est invisible.

D. Quels sont les pôles de l'horizon ?

R. Les pôles de l'horizon sont deux points du ciel, dont l'un qui est au-dessus de notre tête s'appelle *Zénith*, et l'autre qui lui est directement opposé se nomme *Nadir*.

D. L'horizon est-il le même pour tous les points de la terre ?

R. Non ; comme chaque endroit de la terre a un zénith particulier, il s'ensuit qu'il a aussi un horizon particulier.

D. Combien y a-t-il de sortes d'horizons ?

R. Il y a deux sortes d'horizons : *l'horizon rationnel* et *l'horizon sensible*.

D. Qu'est-ce que l'horizon rationnel ?

R. *L'horizon rationnel* est celui qui, passant par le centre de la sphère, la coupe en deux parties égales, qu'on nomme hémisphère, dont l'un est supérieur ou visible, l'autre inférieur ou invisible.

D. Qu'est-ce que l'horizon sensible?

R. *L'horizon sensible* est un cercle parallèle à l'horizon rationnel, qui touche la surface de la terre au point où sont nos pieds. C'est le petit cercle qui borne notre vue, lorsque nous sommes en pleine campagne.

D. Quel est l'usage de l'horizon?

R. L'horizon sert à marquer le lever et le coucher des astres. L'orsqu'un astre vient sur l'horizon, il se lève : on peut le voir pendant qu'il est sur cet horizon ; quand il va dessous, il se couche, et l'on ne peut plus le voir.

DU MÉRIDIEN.

D. Qu'est-ce que le méridien?

R. Le *méridien* est un grand cercle qui passe par les pôles du monde, et par le zénith et le nadir du lieu dont il est le méridien.

D. Pourquoi nomme-t-on ce cercle méridien?

R. On l'appelle méridien, parce qu'il est midi pour tous ceux qui sont sous ce cercle, lorsque le soleil y passe sur l'horizon ; et minuit, lorsqu'il y passe au-dessous de l'horizon.

D. Quels sont les autres usages du méridien?

R. Le méridien coupe le monde en deux hémisphères, dont l'un est appelé oriental, et l'autre occidental : l'oriental est celui où les astres se lèvent ; l'occidental celui où ils se couchent.

Il sert encore à marquer la hauteur du pôle, c'est-à-dire, l'élévation du pôle au-dessus de l'horizon ; car, quand les pôles du monde ne sont point dans l'horizon, il y en a un au-dessus et l'autre au-dessous. L'élévation de celui qui est

au-dessus se compte par le nombre de degrés
que contient la partie du méridien qui est entre
ce pôle et l'horizon.

D. Comment détermine-t-on sur le globe
terrestre et au moyen des degrés la position d'un
point quelconque ?

R. On part d'un méridien convenu, d'après
lequel on commence à compter les degrés sur
l'équateur, et en allant vers l'orient sur la circonférence du globe, jusqu'à ce que l'on soit
revenu au point du départ. Il est indifférent de
compter en degré sur l'équateur ou sur tout autre cercle qui lui soit parallèle, et qu'on divise
en 360 degrés que l'on appelle de *longitude*,
fig. 4. Les degrés de *latitude* se comptent sur
les méridiens en allant de l'équateur à l'un des
pôles, et la latitude prend le nom de *septentrionale* ou *méridionale*, suivant le pôle vers lequel
on s'est dirigé, *fig.* 4 *et* 5.

D. Tous les lieux de la terre ont-ils le même
méridien ?

R. Non : le méridien passant à la fois par les
deux pôles du monde, et par le zénith et le nadir du lieu, il est clair qu'on peut aller d'un
pôle à l'autre sans changer de méridien, mais
qu'on ne peut faire un pas d'orient en occident,
ou d'occident en orient, sans en changer, *fig.*
4 *et* 5.

DES TROPIQUES

ET DES CERCLES POLAIRES.

D. Qu'est-ce que les tropiques ?

R. Les *tropiques* sont deux petits cercles parallèles à l'équateur, et qui en sont éloignés de
vingt-trois degrés et demi.

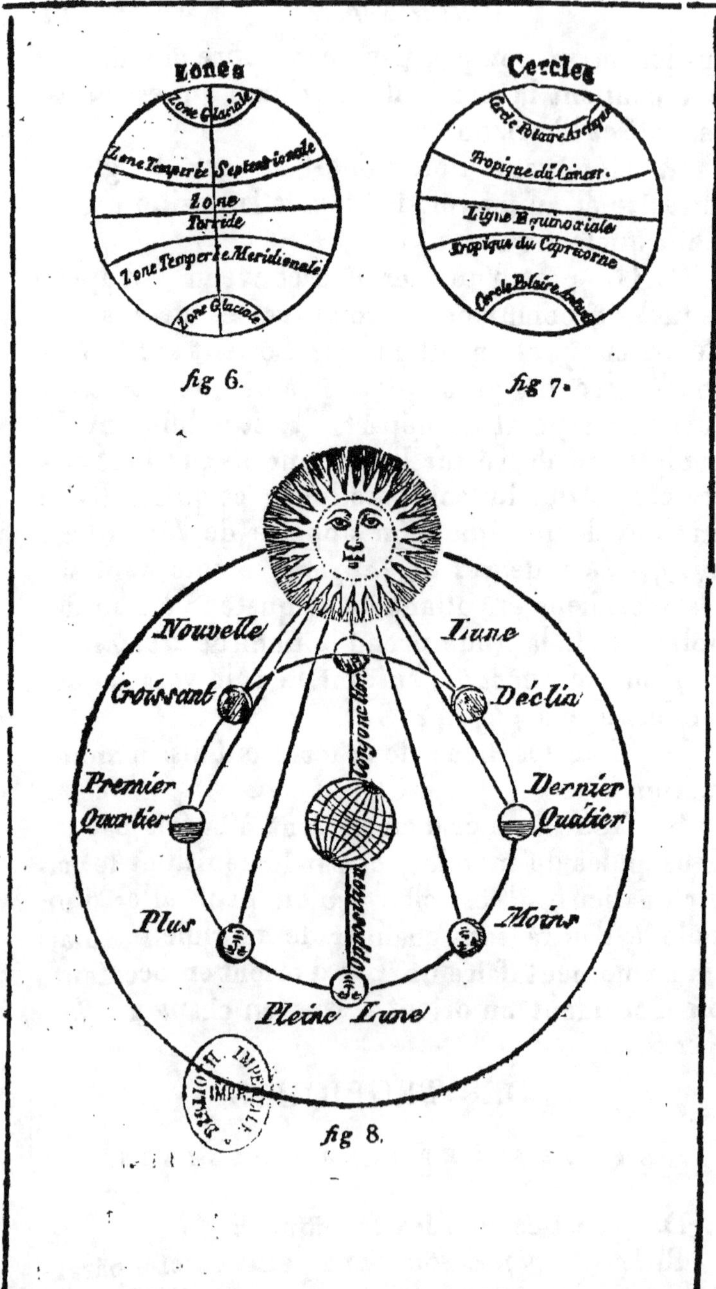
Zones
Zone Glaciale
Zone Temperée Septentrionale
Zone Torride
Zone Temperée Meridionale
Zone Glaciale
fig 6.

Cercles
Cercle Polaire Arctique
Tropique du Cancer
Ligne Equinoxiale
Tropique du Capricorne
Cercle Polaire Antarctique
fig 7.

Nouvelle   Lune
Croissant   Déclin
Premier   Dernier
Quartier   Quartier
Plus   Moins
Pleine Lune
fig 8.

On voit par-là qu'ils touchent l'écliptique, l'un au commencement du Cancer, et on l'appelle le tropique du Cancer; l'autre au commencement du Capricorne, et on le nomme le tropique du Capricorne, *fig.* 6.

D. Qu'est-ce que les cercles polaires?

R. On appelle ainsi deux petits cercles parallèles à l'équateur, éloignés chacun d'un des pôles du monde de vingt-trois degrés et demi, celui qui est vers le pôle arctique est appelé cercle polaire arctique; l'autre s'appelle cercle polaire antarctique, *fig.* 6.

Les tropiques et les cercles polaires séparent le ciel en cinq bandes ou *zones*, dont une torride, deux tempérées et deux glaciales. On nomme zone torride ou brûlée l'espace compris entre les deux tropiques; ceux qui renferment les tropiques et les cercles polaires, s'appellent zones tempérées; les zones glaciales sont comprises entre les cercles polaires et les pôles, *fig.* 7.

DES ASTRES

ET DE LEURS MOUVEMENS.

D. Combien distingue-t-on de sortes d'astres?

R. On distingue deux sortes d'astres, les *étoiles fixes* et les *planètes*.

D. Qu'entendez-vous par étoiles fixes?

R. On désigne ainsi celles qui conservent toujours entr'elles la même distance.

D. Qu'entendez-vous par planètes?

R. Les *planètes*, ou *astres errans*, ont reçu ce nom, parce qu'elles sont tantôt plus proches, et tantôt plus éloignées les unes des autres.

DES ÉTOILES FIXES.

D. Le nombre des étoiles fixes est-il connu ?

R. Non : il est impossible de dire au juste combien il y a d'étoiles. Les anciens astronomes en comptaient 1022. Depuis l'invention des lunettes à longue vue, on ne peut douter qu'il n'y en ait un bien plus grand nombre, et la seule *voie lactée*, que le vulgaire appelle le *chemin de Saint-Jacques*, n'est qu'un amas d'étoiles.

D. La lumière des étoiles fixes leur est-elle propre ?

R. Oui : il n'en est pas de même des *planètes*, qui sont des corps opaques, et qui n'ont de lumière que celle qu'elles reçoivent du soleil.

D. Comment a-t-on partagé les étoiles fixes ?

R. On a partagé les étoiles fixes en différens groupes, qu'on appelle *constellations*. On compte en tout 62 constellations : 23 dans la partie septentrionale, 27 dans la partie méridionale, et 12 dans le zodiaque.

D. Comment se fait le mouvemeut des étoiles fixes ?

R. Les étoiles fixes, par leur mouvement commun, décrivent les cercles parallèles à l'équateur : plus elles en sont éloignées, plus leurs cercles sont petits. Leur mouvement particulier d'occident en orient forme des cercles parallèles à l'écliptique. Le mouvement des étoiles est très-lent ; elles sont 70 ans à faire un degré, et conséquemment plus de 25,000 ans à faire leur révolution entière.

DES PLANÈTES EN GÉNÉRAL.

D. Combien y a-t-il de planètes ?

R. Elles sont au nombre de sept, non compris la terre (1), savoir : le Soleil, Mercure, Vénus, la Terre, la Lune, Mars, Jupiter et Saturne.

D. Les planètes sont-elles toujours à la même distance de la terre ?

R. Non, le centre de leur mouvement n'étant pas le même que celui de la terre, de là leur *apogée*, c'est-à-dire le point où elles sont les plus éloignées de la terre ; et leur *périgée*, c'est-à-dire le point où elles sont le plus près de la terre.

DU SOLEIL.

D. Qu'est-ce que le soleil?

R. De toutes les planètes (2) le soleil est la seule qui ait une lumière qui lui soit propre : c'est aussi celle dont le mouvement est le moins irrégulier.

D. Dans quel cercle se fait le mouvement du soleil ?

––––––––––––

(1) On a fait depuis quelques années de très-grandes découvertes en astronomie. On ne connaissait au paravant que sept planètes, parmi lesquelles on comprenait le Soleil et la Lune. Ce nombre paraissait invariablement fixe, lorsque M. Herschel, célèbre astronome allemand, mort en Angleterre, en découvrit une à Bath, les nuits du 3 au 5 avril 1781, elle porte le nom d'*Uranus.* Comme on a rangé la Terre parmi les planètes, et qu'on a cessé d'y comprendre le Soleil et la Lune, le nombre des planètes était toujours de sept, mais depuis le commencement de ce siècle, on en a découvert quatre nouvelles. La première fut aperçue à Palerme, le 1 janvier 1801, par M. Piazzi ; elle s'appelle *Cérès.* M. Olbers en a découvert une seconde à Brémen, le 28 mars 1802 ; son nom est *Pallas.* M. Harding a découvert la troisième à Lilienthal en Saxe; on la nomme *Junon.* Enfin le 19 mars 1807, M. Olbers, à qui on devait déjà la découverte de Pallas, a aperçu pour la première fois la quatrième, à laquelle on a donné le nom de *Vesta.*

(2) Le soleil n'est plus regardé comme une planète, mais comme une étoile fixe.

R. Le soleil parcourt l'écliptique sans jamais s'en écarter (1). Le cercle, qu'il décrit par son mouvement journalier, est parallèle à l'équateur.

D. Quelle est la distance du soleil à la terre ?

R. Le soleil est à environ 33,000,000 de lieues de la terre.

D. Dans quels signes se trouvent l'apogée et le périgée du soleil ?

R. L'apogée du soleil est vers le neuvième degré du Cancer, au mois de juin ; le périgée vers le neuvième du Capricorne, à la fin de décembre ; dans le premier point il est plus éloigné de la terre d'environ 1,000,000 de lieues que dans le second.

D. En combien de temps le soleil fait-il sa révolution.

R. Le soleil, s'avançant tous les jours d'un degré environ d'occident en orient, par son mouvement propre, parcourt les 360 degrés de l'écliptique dans l'espace de 365 jours, six heures moins onze minutes, c'est ce qui forme l'année solaire qui est de 365 jours. Les six heures qui restent font un jour au bout de 4 ans : c'est pourquoi tous le quatre ans il y a une année bissextile, qui est composée de 366 jours.

D. Toutes les quatrièmes années sont-elles bissextiles ?

---

(1) On parle ici du mouvement des planètes, selon le système de Ptolémée (mort vers l'an 142), et selon ce qui paraît à nos yeux, parce que c'est d'après ce système, dans lequel on suppose que le soleil tourne autour de la terre, que les globes ont été construits. Dans un autre système, qui est celui de Copernic (mort en 1543), c'est le soleil qui est immobile, et la terre tourne : ce second système est aujourd'hui le seul suivi par les savans.

R. Non, comme il a onze minutes de moins, ces onze minutes forment un jour en 130 ans, on supprime trois bissextiles dans l'espace de 400 ans. Ainsi la dernière année de chaque siècle n'est point bissextile, excepté de 400 ans en 400 ans.

DE LA LUNE.

D. Qu'est-ce que la lune ?

R. Quoique la lune nous paraisse plus grande que toutes les autres planètes (1), excepté le soleil, c'est néanmoins la plus petite. Ce qui fait qu'elle nous paraît plus grande que les autres, c'est qu'elle est beaucoup plus près de la terre.

D. Quelle est la distance de la lune à la terre ?

R. Elle n'en est éloignée que de 91,000 lieues dans son apogée, et de 80,000 dans son périgée. La lune est 49 fois plus petite que la terre.

D. La lune a-t-elle une lumière qui lui soit propre ?

R. Non : la lune est un corps opaque, et elle n'a de lumière que celle qu'elle reçoit du soleil.

D. Qu'entendez-vous par les phases de la lune ?

R. On appelle ainsi les différens aspects qu'elle nous présente, suivant sa position, par rapport au soleil et à la terre. On en compte quatre, la nouvelle lune, la pleine lune, le premier et le dernier quartiers, *fig.* 8.

D. Qu'est-ce que la nouvelle lune ?

R. La lune est *nouvelle*, quand elle est du même côté que le soleil, par rapport à la terre.

---

(1) La lune n'est plus regardée comme une planète ; mais comme la satellite de la terre, où planète secondaire.

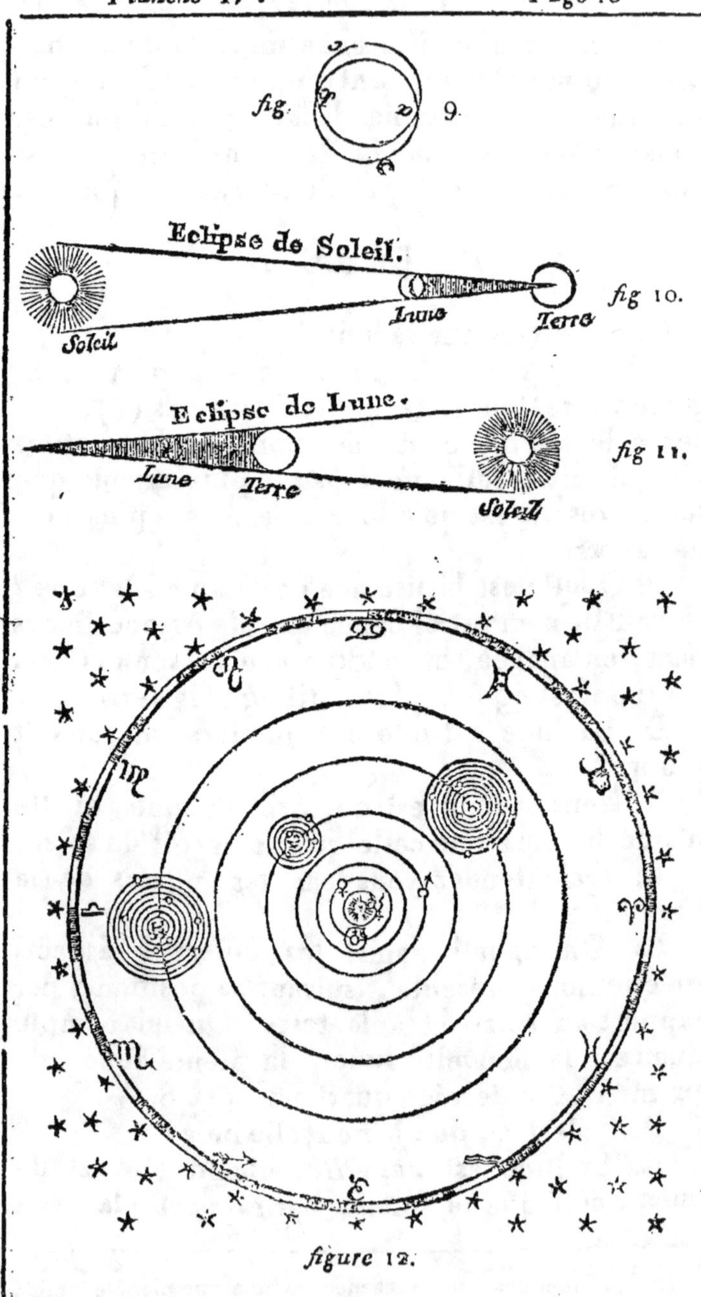

fig. 9.
Eclipse de Soleil.
Soleil
Lune
Terre
fig 10.
Eclipse de Lune.
Lune
Terre
Soleil
fig 11.
figure 12.

Alors se trouvant entre le soleil et la terre , sa partie éclairée est vers le soleil , et par conséquent elle ne peut nous éclairer.

D. Qu'est-ce que le premier quartier?

R. A mesure, que la lune s'écarte du soleil , une portion de la partie éclairée se présente vers nous , et s'augmentant de jour en jour, forme ce qu'on nomme le *premier quartier*, lorsqu'elle est parvenue au quart de sa révolution.

D. Qu'est-ce que la pleine lune?

R. En s'éloignant de plus en plus du soleil , la lune nous montre une plus grande portion éclairée , jusqu'à ce qu'étant arrivée au milieu de son cercle , elle est du côté opposé au soleil par rapport à la terre : alors toute la partie éclairée étant de notre côté , c'est *la pleine lune.*

D. Qu'est-ce que le dernier quartier?

R. La lune se rapprochant du soleil , la partie éclairée qui est vers nous , diminue , et quand elle est arrivée aux trois quarts de sa révolution , alors elle est dans son *dernier quartier.*

D. En combien de temps la lune fait-elle sa révolution?

R. La lune fait sa révolution en 27 jours et 8 heures environ ; mais comme le soleil, pendant ce temps, a fait 27 degrés , il lui faut plus dé deux jours pous l'atteindre ; d'où il arrive que ce n'est qu'au bout de 29 jours , 12 heures qu'elle se retrouve entre le soleil et la terre ; c'est ce qu'on appelle mois lunaire ; douze de ces mois font une année lunaire , qui n'a que 354 jours , et ainsi l'année lunaire a onze jours de moins que l'année solaire.

D. Comment se fait le mouvement propre de la lune ?

R. Le mouvement propre de la lune se fait suivant un cercle qui coupe l'écliptique en deux points qui s'appellent *nœuds*, *fig.* 9 , *a* , *b*.

On appelle écliptique l'orbite de la terre , et parce que les éclipses ont lieu dans le voisinage de ces nœuds. La lune tournant autour de la terre , il arrive nécessairement que lorsqu'elle se trouve entre la terre et le soleil, ce qu'on appelle *conjonction* , *fig.* 8 , elle devrait nous cacher plus ou moins cet astre , et produire ainsi un éclipse du soleil ; et que lorsque la terre se trouve entre le soleil et la lune, ce qu'on appelle *opposition* , *fig.* 8 , elle devrait couvrir la lune de son ombre , et produire ainsi une éclipse de lune. Cela arrive aussi fort souvent ; mais comme l'orbite que la lune décrit autour de la terre n'est pas dans le même plan que celui que la terre décrit autour du soleil , la lune dans ses *syzigies* (c'est le nom commun que l'on donne à la conjonction et à l'opposition) , se trouvant fréquemment un peu au-dessus ou au-dessous de l'ombre du soleil ou de la terre , alors il n'y a point d'éclipse.

D. Quand y a-t-il éclipse de lune ?

R. Lorsque la lune est du côté opposé au soleil par rapport a la terre , et quand même temps elle est dans ses nœuds ou près de ses nœuds , la terre se trouvant juste entre deux , la lune ne reçoit plus la lumière du soleil : elle est éclipsée, *fig.* 11.

D. Quand y a-t-il éclipse de soleil ?

R. Lorsque la lune est du même côté que le soleil par rapport à la terre , et qu'elle est dans ses nœuds ou près de ses nœuds ; elle se trouve juste entre le soleil et la terre , et comme elle cache le soleil à celle-ci, on dit qu'il y a éclipse de soleil , *fig.* 10 (1).

DES AUTRES PLANÈTES ET DE LEURS SATELLITES.

D. Quelles sont les autres planètes ?

R. Ces planètes sont : Saturne , Jupiter , Mars, Vénus et Mercure. Les trois premières sont plus éloignées de la terre que le soleil, quelquefois néanmoins mars en est beaucoup plus proche , *fig.* 12.

D. Comment se fait les mouvement des planètes ?

R. Par leur mouvement propre , elles vont d'occident en orient, en décrivant des cercles qui coupent l'écliptique en différens points.

D. En combien de temps Saturne fait-il sa révolution ?

R. Saturne fait sa révolution en 29 ans et 155 jours. Il est dix fois plus éloigné du soleil que la terre.

D. Saturne n'a-t-il pas autour des lui de lunes ou satellites ?

R. Saturne est entouré de sept petites lunes ou *satellites*, *fig.* 12, où ils sont indiqués par des petits points blancs placés sur des cercles qui marquent leur révolution autour de leurs planètes. Saturne est aussi entouré d'un cercle qui réfléchit perpétuellement la lumière du soleil. On appelle ce cercle *l'anneau de Saturne.*

---

(1) L'éclipse de soleil devrait plutôt être appelée *éclipse de terre* , puisque ce qu'on appelle ordinairement *éclipse de soleil* , n'est que la privation de la lumière de cet astre pour une partie de la surface de la terre.

D. En combien de temps Jupiter fait-il sa révolution?

R. Jupiter fait sa révolution en 11 ans et 313 jours. Il est cinq fois plus éloigné du soleil que la terre.

D. Jupiter a-t-il des satellites ?

R. Oui : cette planète a autour d'elle quatre petites lunes ou *satellites*, qui souffrent de fréquentes éclipses , *fig.* 12.

D. En combien de temps les autres planètes font-elles leur révolution?

R. Mars fait sa révolution en un an et 322 jours ; Vénus en sept mois et demi ; Mercure en trois mois.

Elles n'ont pas des satellites. Les deux derniéres se voient toujours aux environs du soleil.

Uranus a six satellites, et fait sa révolution en 81 ans , *fig.* 12 (1).

DES POSITIONS DE LA SPHÈRE.

D. Qu'entendez - vous par position de la sphère ?

R. Les positions de la sphère sont les différentes manières dont on peut placer et considérer la sphère artificielle , pour voir ce qui arrive à ceux qui ont effectivement la sphère naturelle

---

(1) La révolution de Pallas est de 4 ans 243 jours , et sa distance du soleil est de 96,500,000 lieues environ.

La révolution de Cérès est de 4 ans 219 jours. et sa distance du soleil est de 96,000,000 lieues environ.

Vesta fait sa révolution en 4 ans et 4 mois, et sa distance du soleil est à peu près la même que pour les deux précédentes.

La révolution de Junon est de 3 ans et 8 mois , et cette planète est un peu plus près du soleil que les trois précédentes.

disposée d'une de ces manières, selon le lieu qu'ils occupent sur la terre.

D. Combien distinguez-vous de ces positions?

R. Ces positions se réduisent à trois ; car la sphère ne peut être que droite, ou parallèle, ou oblique, selon la position de l'équateur par rapport à l'horizon.

D. Qu'est-ce que la sphère droite?

R. La sphère est *droite*, lorsque l'équateur coupe l'horizon perpendiculairement, c'est-à-dire ne penche ni d'un côté ni de l'autre sur ce cerle. Alors les pôles du monde sont dans l'horizon, et réciproquement les pôles de l'horizon sont dans l'équateur, au zénith et au nadir.

D. Qu'est-ce que la sphère parallèle?

R. La sphère est *parallèle* quand l'équateur et l'horizon sont *parallèles*, ou sont confondus ensemble ; alors les pôles du monde sont confondus avec le zénith et le nadir.

D. Qu'est-ce que la sphère oblique?

R. La sphère est *oblique* quand l'équateur coupe l'horizon *obliquement*.

D. Qu'arrive-t-il dans la sphère droite?

R. Dans cette position ; en quelqu'endroit de l'écliptique que soit le soleil, les cercles qu'il décrit chaque jour par son mouvement commun, sont coupés en parties égales par l'horizon. Les peuples de la terre qui habitent sous l'équateur, et qui ont leur zénith et leur nadir dans ce cercle, ont la sphère droite : ils ont conséquemment un éqinoxe perpétuel ; chaque jour de l'année, le soleil est autant de temps sur leur horizon que dessous, et les jours sont chez eux égaux aux nuits pendant toute l'année.

D. Qu'arrive-t-il dans la sphère parallèle ?

R. Dans la sphère parallèle, comme l'horizon,

fig 13.

fig 14.

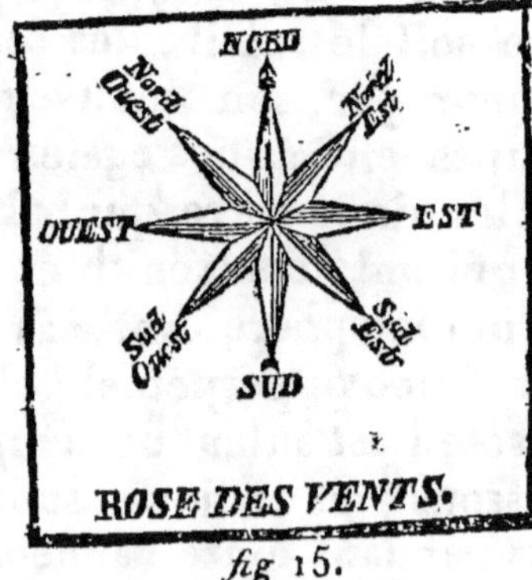

fig 15.

confondu alors avec léquateur , coupe l'é-
cliptique en deux parties égales, l'une supérieure
et visible , et l'autre inférieure et invisible , le
soleil est six mois sur l'horizon et six mois dessous : en sorte que si nous supposons des hommes sous les pôles , ils n'ont qu'un seul jour et
qu'une seule nuit dans toute l'année , l'un et
l'autre de six mois ; le soleil, et les astres qu'ils
voient, tournent autour d'eux , en vingt-quatre
heures parallèlement à l'horizon ; mais ils ne
voient que la moitié des astres. Leur ombre
tourne autour d'eux en vingt-quatre heures.

D. Qu'arrive-t-il dans la sphère oblique ?

R. Quand la sphère est oblique , tous les cercles que le soleil décrit chaque jour , excepté
l'équateur, sont coupés en deux parties inégales
par l'horizon , c'est pourquoi les pays où la
sphère est oblique ont pendant toute l'année des
jours plus longs ou plus courts que les nuits
qui les suivent , si on en excepte les jours des
équinoxes , auxquel le soleil décrit l'équateur
par son mouvement diurne ; car alors les jours
sont égaux aux nuits par toute la terre.

Dans cette situation de la sphère, il y a une
partie du ciel que l'on voit toujours, et une autre que l'on ne voit jamais : ces parties sont plus
ou moins grandes , selon que le pôle est plus ou
moins élevé au-dessus de l'horizon ; ce qu'on
peut facilement remarquer avec une sphère.

D. L'inégalité des jours et des nuits est-elle
la même pour tous les lieux qui ont la sphère
oblique ?

R. Quoique dans tous les endroits de la terre
où la sphère est oblique les jours ne soient pas
égaux aux nuits , l'inégalité n'est pas la même
partout : plus on approche des pôles, plus la dif-

férence est grande. Par exemple, à Paris, le vingt-deuxième jour de juin est de seize heures, et la nuit suivante de huit ; en Suède , à Stockholm , le plus long jour est de dix-huit heures et demie , et la nuit qui suit de cinq heures et demie.

D. Le contraste des saisons dans les deux hémisphères n'a-t-il pas fait donner aux peuples qui les habitent des noms particuliers ?

R. Oui. On appelle *Périsciens* , ceux qui habitent les zones froides ; *Hétérosciens* , ceux qui habitent les zones temperées ; *Amphisciens*, ceux qui habitent la zone torride ; *Asciens* , qui veut dire sans ombre, indiquent les habitans des zones torrides, qui, ayant quelque temps le soleil sur leur tête , sont alors sans ombre ; les *Antisciens* habitent de différens côtés de l'équateur; leurs ombres sont à midi des directions contraires , *fig.* 13.

D. Comment prouve-t-on la sphéricité de la terre ?

R. Cette vérité est démonstrée par les faits suivans : 1.° si l'on est au bord de la mer , sa sphéricité s'aperçoit à l'œil. 2.° Si un vaisseau quitte le rivage , le corps du bâtiment disparaît le premier , puis la partie inférieure des mats , puis leur sommet. 3.° Les voyageurs qui ont fait le tour du monde sont revenus par un point opposé , *fig.* 14.

D. Dès que la terre est ronde , prouvez-nous la position possible des peuples dont nous avons parlé plus haut , et dont quelques-uns ont les pieds opposés les uns aux autres ?

R. On nomme ces derniers *Antipodes*, la figure 13 les représente , et les désigne par une *ligne* qui va de gauche à droite. On ne peut pas dire que les peuples qui sont nos antipodes , par exemple , soient sous terre, car la terre , comme nous l'avons prouvé , est un globe , et un globe n'a par lui-même ni dessus ni dessous ; ils n'ont pas la tête en bas , car avoir la tête en bas , c'est l'avoir plus proche de la terre que les pieds ; on ne peut craindre qu'ils tombent , puisque tomber c'est s'approcher de la terre. Les peuples antipodes ont les jours , les mois , les heures , les saisons absolument opposées aux nôtres ; quand nous avons le matin , ils ont le soir ; quand nous avons l'été , ils ont l'hiver , ainsi de suite.

D. Comment déterminez-vous la longueur du jour ?

R. La longueur du jour se doit entendre précisément du temps que le soleil est sur l'horizon, sans y comprendre le crépuscule.

D. Qu'est-ce que le crépuscule ?

R. Le crépuscule est la lumière qui paraît après le coucher et avant le lever du soleil ; cette dernière se nomme ordinairement aurore , et la première retient le nom de crépuscule.

D. Quelle est la durée du crépuscule ?

R. Le crépuscule dure tant que le soleil n'est pas abaissé d'environ dix-huit degrés ou-dessous de l'horizon ; plus les cercles que le soleil décrit chaque jour sont obliques à l'horizon , plus les crépuscules sont longs. Depuis le 15 juin jusqu'au 1 juillet les crépuscules durent à Paris quatre heures le matin, et autant le soir , ce qui fait qu'il n'y a point de nuit tout-à-fait obscure. Vers le 1 mars et le 15 octobre ils ne durent qu'une heure trois quarts.

D. La durée du crépuscule est-elle la même pour tous les lieux de la terre ?

R. Non , plus on approche des pôles , plus les crépuscules sont longs , parce qu'en approchant des pôles , les cercles que décrit le soleil deviennent de plus en plus obliques à l'horizon.

D. Quelle est la durée du crépuscule sous les pôles mêmes ?

R. Sous les pôles les crépuscules durent deux mois avant le lever , et deux mois après le coucher du soleil , de sorte que la nuit , entièrement obscure , n'y dure qu'environ deux mois , encore la lune interrompt-elle deux fois ces ténèbres , et quinze jours à chaque fois ; ce qui restraint les ténèbres profondes à un seul mois en deux fois.

CARTE GENERALE
DE LA FRANCE
Divisée en ses 83 Departements
LA MANCHE
I. d'Aurigni
I. de Grenesey
I. de Gersey
I. d'Ouessan
I. de Finister
Quimpr
du Morbihan
Vannes
Belle Isle
I. Noirmoutier
I. de Ré
I. d'Oleron
S. Brieux
des Côtes du Nord
Coutences
d'Ille et Vilaine
Rennes
de la Mayenne
Laval
le Mans
de la Sarte
de l'Orne
Alençon
Chartres
d'Eure et Loir
du Calvados
Caen
de l'Eure
Evreux
de la Manche
de la Seine inf.
Rouen
de l'Oise
Beauvais
de la Loire inf.
Nantes
Anger
de Maine et Loire
d'Indre et Loire
Tours
Blois
du Loiret
Orleans
de Seine et Oise
Versailles
Paris
Melun
de Seine et Marne
de l'Yonne
Auxerre
de l'Aube
Troye
de la Marne
Chalons
de l'Aisne
Laon
du Nord
du Pas de Calais
Donai
Arras
de la Somme
Amiens
des Ardennes
Mezieres
de la Moselle
Metz
Verdun
de la Meurte
Nanci
du bas Rhin
strasbourg
des Vosges
Epinal
de la haute Marne
de la haute Saone
Vesoul
du haut Rhin
de la Côte d'or
Dijon
du Doubs
Besançon
du Jura
Dole
de la Vendée
Parthenay
Fontenay le Comte
des deux Sevres
Poitiers
de la Vienne
Chateau roux
de l'Indre
du Cher
Bourges
de la Nievre
Nevers
de la Creuse
Gueret
de la haute Vienne
Limoges
de la Charente
Saintes
Angouleme
de la Dordogne
de la Corrèze
Tulle
du Cantal
S. Flour
du Puy de Dome
Clermont
de l'Allier
Moulins
de Saone et Loire
Chalons
de l'Ain
Bourg
Bell
de l'Isere
Grenoble
des htes Alpes
de la Drôme
Charge
de la Charente infre
de la Gironde
Bordeaux
du Lot
de Lot et Garonne
Agen
des Landes
Mont de Marsan
du Gers
Auch
de la haute Garonne
Toulouse
de l'Aube
du Tarn
Castres
de l'Aveiron
Rodez
Cahors
de la Lozère
Mende
du Gard
Nimes
de l'Herault
Montpellier
de la Loire
de la haute Loire
le Puy
de l'Ardèche
Privas
du Rhône
Lion
basses Alpes
Digne
des bouches du Rhône
Aix
du Var
Toulon
de l'Arriège
Foix
de l'Aude
Carcassonne
des Pyrennées
Navarrins
des hautes Pyrennées
Tarbes
des Pyrennées orient.
Perpignan

ABREGE
DE LA GÉOGRAPHIE
MODERNE.

—

CHAPITRE PRÉLIMINAIRE.

Des principaux Cercles de la Mappemonde et des quatre points cardinaux ; des termes qui appartiennent à la Géographie , et de la division du Globe terrestre.

D. Qu'est-ce que la Géographie ?

R. La Géographie est la déscription de la terre.

D. Quelle est la figure de la terre ?

R. La terre est ronde : sa surface est convexe et aplatie aux deux points directement opposés: Elle a la forme d'une boule ou d'un globe , aussi lui donne-t-on le nom de globe terrestre.

D. Qu'entendez - vous par cartes géographiques ?

R. Les cartes géographiques sont des dessins qui représentent les diverses parties et les divers lieux de la terre , dans des positions semblables à celles qu'ils occupent réellement sur la terre.

D. Combien y a-t-il de sortes de cartes géographiques ?

R. Il y en a de trois sortes : la mappemonde, les cartes générales, les cartes particulières.

D. Qu'est-ce que la mappemonde?

R. La *mappemonde*, ou *planisphère*, est le globe aplati et coupé en deux hémisphères, ou moitié de sphère, par le premier méridien. Elle est partagée dans le milieu par une grande ligne qui est l'*équateur*.

D. Qu'est-ce que les cartes générales?

R. Les cartes générales sont celles qui représentent ou une partie de la terre ou un grand état.

D. Qu'est ce que les cartes particulières?

R. Les cartes particulières sont celles sur lesquelles on a tracé une province, un pays, un petit territoire, etc.

D. Quels sont les premiers points à considérer sur toute carte géographique?

R. Les quatre points cardinaux, savoir:

Le septentrion ou nord, le sud ou midi, l'est ou orient, l'ouest ou occident.

Ces points sont marqués sur les cartes, savoir: le nord en haut, le midi en bas, l'orient à droite et l'occident à gauche. Les plus remarquables, après ceux-là, sont: le sud-est, le sud-ouest, le nord-est et le nord-ouest; *fig.* 15.

D. Qu'entendez-vous par s'orienter?

R. C'est reconnaître l'orient, et par conséquent les trois autres points cardinaux.

D. Comment s'oriente-t-on?

R. En se tournant vers le lieu où le soleil paraît se lever. On a alors l'occident derrière soi, le midi à droite et le nord à gauche.

D. La nuit, quel moyen a-t-on de s'orienter?

R. Il faut pour cela savoir trouver une étoile assez brillante, qui est située au nord, et qu'on appelle *Polaire*, parce qu'elle est près du pôle. En la regardant, on a le sud derrière soi, l'est à droite et l'ouest gauche.

D. Qu'y a-t-il d'abord à considérer sur la surface du globe terrestre ?

R. Deux grandes parties, la terre et l'eau.

D. N'y a-t-il pas de termes particuliers qui
servent à exprimer les diverses modifications de
ces deux grandes divisions ?

R. Oui.

D. Quels sont ces termes ?

R. Ce sont : 1.° pour la terre, ceux de continent, île, presqu'île, isthme, cap, côte, montagne ; 2.° pour l'eau, ceux d'archipel, golfe,
rade, détroit, lac et rivière.

D. Qu'est-ce qu'un continent ?

R. Un *continent*, qu'on appelle aussi *terre
ferme*, est une grande portion de terre qui comprend plusieurs régions qui ne sont pas séparées
par des mers.

D. Qu'est ce qu'une île ?

R. Une *île* est une portion de terre qui est entièrement entourée d'eau.

D. Qu'est-ce qu'une presqu'île ?

R. Une *presqu'île* ou *péninsule* est une terre
presqu'entourée d'eau.

D. Qu'est-ce qu'un isthme ?

R. Un *isthme* est une portion de terre entre
deux mers, qui unit un continent ou une presqu'île à la terre ferme.

D. Qu'est-ce qu'un cap ?

R. Un *cap* ou *promontoire* est une pointe de
terre élevée qui s'avance dans la mer ?

D. Qu'entendez-vous par côte ?

R. J'entends pas *côte* la partie de la terre qui
est baignée par la mer.

D. Qu'est-ce qu'une montagne ?

R. Une *montagne* est une masse de terre ou
de roche qui s'élève sur la surface du globe.

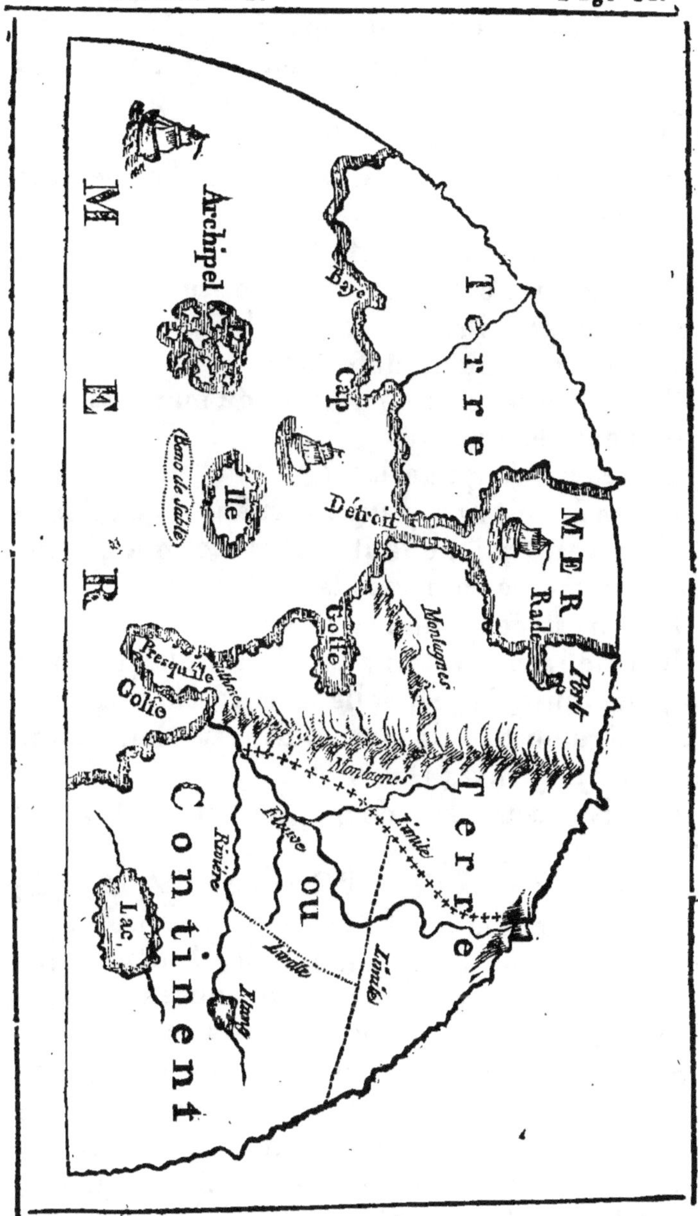

Explication des principaux termes de Géographie.

D. Qu'est ce qu'un archipel ?

R. Un *archipel* est une étendue de mer entre-coupée d'îles.

D. Qu'est-ce qu'un golfe ?

R. Un *golfe* est un avancement considérable de la mer dans les terres.

D. Qu'est-ce qu'une rade ?

R. Une *rade* est un endroit propre à jeter l'ancre, et où les vaisseaux sont à l'abri du vent.

D. Qu'est-ce qu'un détroit ?

R. Un *détroit* est une portion de mer resserrée entre deux terres.

D. Qu'est-ce qu'un lac ?

R. Un *lac* est une grande étendue d'eau douce et dormante qui ne tarit jamais, et qui n'a aucune communication avec la mer.

D. Qu'est-ce qu'une rivière ?

R. Une *rivière* est une eau de source qui coule toujours, jusqu'à ce qu'elle se jette dans une autre rivière ou dans la mer, et dans ce dernier cas on l'appelle *fleuve* (1).

D. En combien de parties divise-t-on la terre ?

R. En cinq parties : l'Europe, l'Asie, l'Afrique, l'Amérique et l'Océanie. Les trois premières forment ce qu'on appelle l'ancien continent ; l'Amérique forme le nouveau, ainsi nommé, parce qu'il est moins anciennement connu. La Nouvelle-Hollande, qui est une grande île récemment découverte, et toutes les îles du grand Océan entre l'Asie et l'Amérique, connues sous le nom de *Polynésie*, forment la cinquième partie du monde, appelée *Océanie*.

---

(1) La plupart de ces objets sont représentés dans la Pl. 6, page 32.

D. Combien distingue-t-on de sortes de mers?

R. Deux sortes ; la mer extérieure et les mers intérieures.

D. Qu'est-ce que la mer extérieure ?

R. La mer extérieure est celle qui environne les continens. Elle se divise en quatre grandes mers , savoir :

1.º L'Océan , qui est entre l'ancien et le nouveau continent, et dont la partie qui est à l'orient de l'Amérique a été nommée mer du nord , lors de la découverte de cette partie du monde.

2.º La mer des Indes , à l'orient de l'Afrique et au midi de l'Asie.

3.º La grande mer , vulgairement appelée mer du Sud, entre l'Asie orientale et l'Amérique occidentale.

4.º La mer glaciale arctique , au nord des deux continens.

D. Qu'est-ce que les mers intérieures ?

R. Les mers intérieures sont celles qui sont situées ou qui entrent dans les terres.

Les principales mers intérieures sont :

En Europe.

La mer Baltique. — La mer Germanique, entre l'Angleterre , la Hollande et l'Allemagne. — La mer méditerranée, entre l'Europe , l'Afrique et l'Asie. — La mer Noire et la mer d'Azof, entre l'Europe et l'Asie. — La mer Blanche, formée par la mer Glaciale du Nord.

En Asie.

La mer Rouge , entre l'Afrique et l'Asie. — La mer Caspienne , qui mérite plutôt le nom de Grand-Lac.

Page 2.

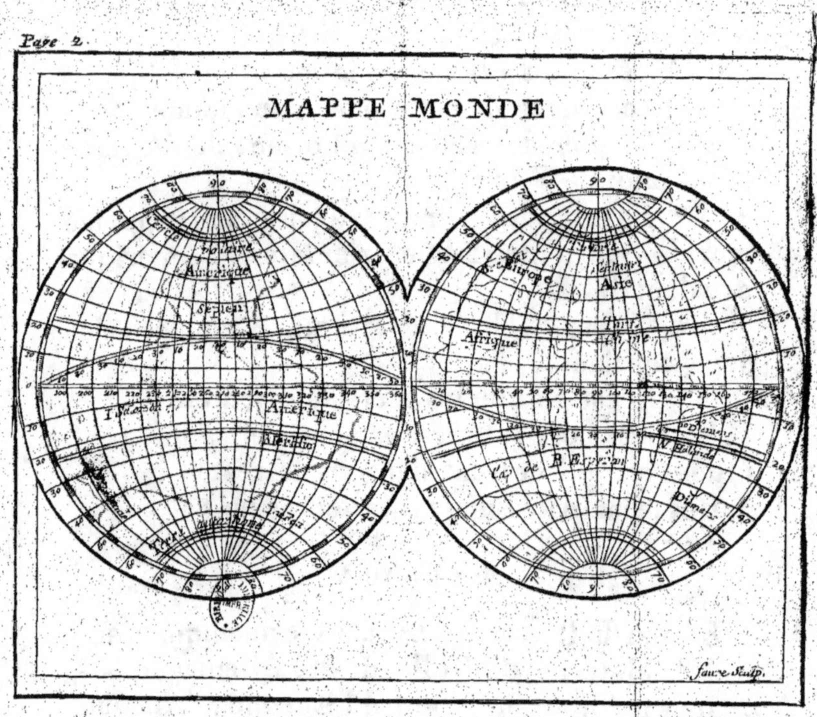
MAPPE-MONDE
Amerique
Septen.
Amerique
Meridle
Terre Australe
Europe
Asie
Afrique
Inde
V. Holande
Cte. de B. Esperan
Diema
faure Sculp.

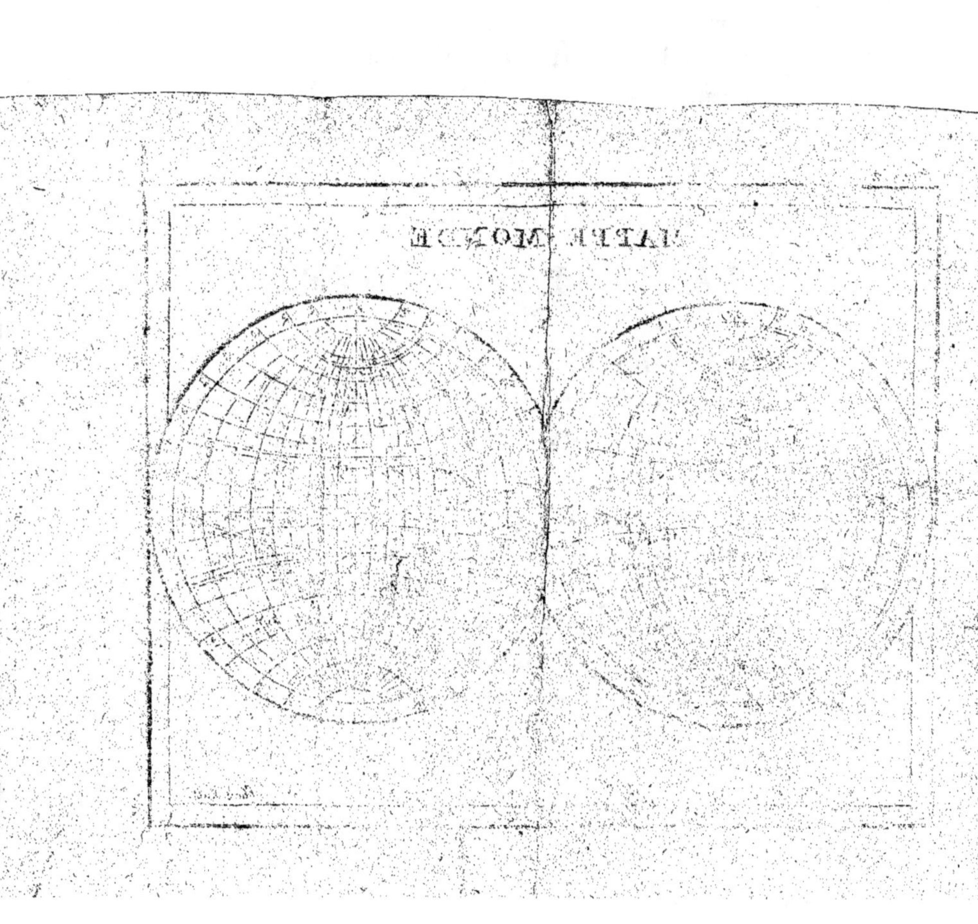
MAPPE MONDE

Dans l'Amérique septentrionale.

Le golfe du Mexique , ou mer des Antilles, entre l'Amérique septentrionale et l'Amérique méridionale.

Les mers de Baffin et d'Hudson au nord. — La mer Vermeille, entre la Californie et le nouveau Mexique. — La mer de Kamtschatka. — La mer de Corée. — Le golfe de Tunquin.

DIVISION DE L'EUROPE.

CHAPITRE PREMIER.

D. Qu'est-ce que l'Europe ?

R. L'Europe est une des cinq parties du monde. C'est la plus petite quant à l'étendue ; mais elle est la plus considérable , tant par le nombre de ses habitans, que parce qu'elle est le centre des lumières, des arts, de la civilisation et du commerce.

D. Quelles sont les bornes de l'Europe ?

R. L'Europe est bornée : à l'occident et au nord par l'Océan ; à l'orient par l'Asie , la mer d'Azof et par la mer Noire , et au midi par la mer Méditerranée qui la sépare de l'Afrique.

D. Comment se divise l'Europe ?

R. En dix-sept parties : quatre vers le nord , les îles Britanniques, les états de Danemarck , la Suède et la Norwège, la Russie et la Pologne ; huit au milieu, la France , l'Italie , la Belgique , la Hollande , la Suisse , la Prusse , l'Autriche , et la Confédération Germanique ; cinq au midi, le Portugal , l'Espagne , le Royaume de Naples , la Turquie d'Europe , et la Grèce.

D. Combien y a-t-il de sortes de gouvernemens en Europe ?

R. Il y en a de trois sortes, savoir : 1.º le démocratique ou représentatif ; 2.º le despotique ; 3.º le monarchique.

D. Qu'est-ce que le gouvernement démocratique ?

R. Le gouvernement démocratique est celui où le peuple nomme ses représentans et ses magistrats, comme la Suisse, dite autrement la république Helvétique.

D. Qu'est-ce que le gouvernement despotique ?

R. C'est celui où le souverain gouverne suivant sa volonté et sans être géné par les lois, comme en Turquie.

D. Qu'est-ce que le gouvernement monarchique ?

R. C'est celui où le souverain gouverne, mais d'après les lois, comme en France, en Angleterre, etc.

ARTICLE PREMIER. — DE LA FRANCE.

D. Qu'est-ce que la France ?

R. Un royaume dont les limites sont : au nord, la Manche et les Pays-Bas ; à l'ouest, l'Océan atlantique ; au sud, l'Espagne et la mer Méditerranée ; à l'est, le Rhin, la Suisse et les Alpes. Son étendue est de 220 lieues du nord au sud, et 200 de l'est à l'ouest.

D. Quel est le gouvernement de la France ?

R. C'est une monarchie constitutionelle. C'est le plus ancien royaume de l'Europe. La France après avoir été gouvernée par des Rois pendant quatorze cents ans, s'était constituée en république en 1792. En 1804 Bonaparte, premier Consul,

Septentrion
LEUROPE
suivant les dernieres
observations de l'Acad.
Royale des Sciences
Lieues Communes de France
25 50 100 150 200
faure Sculpsit
GROENLA
MER GLACIALE
ISLANDE I
Jean Mayen
Polaire
Spitberg
Weigate
Pizard
LAPPONIE
Ombay
Biha
MER Blanche
Archangel
MOSCOVIE
SUEDE
Westroa
I Faro
Drontem
Noorvege
I Schiland
ASIATIQUE
ASIE
I douest
ISLES ERI
Orcades Berge
Stokhelm
Gothland Nottebourg
Narva
Revel Plescon
Casan
Landau
ECOSSE
Edimbourg
DANNEMARK Copenhague
Bul
Rague
Riga
Millan
Wilna
Kesan
Terre
ANGLETERRE
QUES
Hambourg
Koningsberg
Poloce
Mosku
TANI
Lymerick
IRLANDE
Bremen
Brimen
Stetin Dantzic
POLOGNE
Novogorod
Verpon
GRANDE MER
Amsterdam
Bruxelles
Posnanie Worsovie
Tum
Serlingues
Breslau
Kiovie
MOSCOVIE en EUROPE
Boros Sarzisa Volga R.
I Douvres
Mayenne Prague
Crazovie
ou OCEAN
FRANCE Nanci Ulm
Lintz
Vienne
Kudak
Azak
GASCOGNE
Orleans Bale Munich
HON
Jassi
PTE TARTARIE
Poitiers Nevere
GRIE
Oczakou
CIRCASSIE
la Rochelle
Saintes
Lyon
Ardon Venise
Trieste
Turgovide
Bayonne
Aix Genes Florence
Turin
Belgrade
Danube R. NOIRE
C. Finistere S Jago
Toulon
Zara
TURQUIE
Marseille
G. de Venise
Ragusa
Sophie
MER
Trebisonde
ATLANTIQUE
Barcelone
Cossel
Naples
ROYAUME
EUROPE
Constantinople
Espagne
I Minorca
ITALIE
NATOLIE
TURQUIE
Valence
Sardaigne
Bourse
Brusse Cag EN ASIE Beth
Lirbonne
Tolede
Murcie
Cagliari
Milonxo
Cordoue
Majorca I
Cesalonie
Modon
Alexandrie
C S Vincent
Seville
Cadix
MER Sicile I
Mexine
Roder I
Detroit de Gibraltar
Malte
MEDITERRANEE
I de Madere
Ceuta
Alg Bogie
Tunis
Bone
I de Cercan
Candie
C Rexalin
Fez
BARBARIE
Tripoli G de la Sidre Barca
Maroc
PARTIE D'AFRIQUE
Midy
Orient
Premier Meridien

fut proclamé Empereur. En 1814 les Bourbons furent rétablis sur le trône ; mais en juillet 1830, une nouvelle révolution enleva la couronne à la branche ainée pour la placer sur la tête du Duc d'Orléans, chef de la branche cadette de cette famille, avec le titre de *Roi des Français*, et une nouvelle charte qui consacre l'hérédité par ordre de primogéniture.

D. Quels sont les principaux corps de l'État ?

R. Les principaux corps de l'État sont la chambre des Pairs, et la chambre des **Députés** des départemens, qui, réunis avec le roi, forment le pouvoir législatif ; le conseil d'état, la cour de cassation.

D. Comment la justice est-elle rendue en France ?

R. La justice est rendue par des cours royales, qui connaissent des matières civiles et des matières criminelles.

D. Combien y a-t-il de cours royales ?

R. Il y a vingt-sept cours royales, dont le siége est dans les villes suivantes : Agen, Aix, Ajaccio, Amiens, Angers, Besançon, Bordeaux, Bourges, Caen, Colmar, Dijon, Douai, Grenoble, Limoges, Lyon, Metz, Montpellier, Nancy, Nismes, Orléans, Paris, Pau, Poitiers, Rennes, Riom, Rouen et Toulouse. Chacune de ces cours a un ressort qui s'étend sur plusieurs départemens.

D. Comment se rend la justice dans les départemens où ne siégent pas les cours royales ?

R. La justice y est rendue par des cours d'assises, qui sont convoquées quand le besoin l'exige, et présidées par un membre de la cour royale.

D. N'y a-t-il pas d'autres tribunaux ?

R. Il y a encore des tribunaux de 1.re instance

et de commerce, et des justices de paix. Les premiers connaissent des matières civiles ; il y en a un à-peu-près dans chaque arrondissement de sous-préfecture. Les seconds ont été institués pour le jugement des affaires de commerce, tant de terre que de mer ; enfin il y a dans chaque canton un juge de paix, dont les fonctions sont entr'autres, de concilier les parties, et de les inviter, en cas de non-conciliation, à se faire juger par des arbitres.

D. Quels sont les principaux fleuves de la France ?

R. Il y a en quatre principaux : la Seine, la Loire, le Rhône, la Garonne.

D. Quel est le cours de la Seine ?

R. Elle a sa source près Saint-Seine, dans le département de la côte-d'Or, arrose les villes de Troyes, Melun, Paris et Rouen, et a son embouchure près du Hâvre-de-Grâce.

D. Quel est le cours de la Loire ?

R. Elle prend sa source dans le département de l'Ardèche, passe à Roanne, où elle commence à porter bateau, à Nevers, à Orléans, à Blois, à Tours, à Saumur, à Nantes, et se jette dans l'Océan.

D. Quel est le cours du Rhône ?

R. Il prend sa source au mont Saint-Gothard, en Suisse, traverse le lac de Genève, passe à Genève, à Lyon, où il reçoit la Saône, à Vienne, à Valence, à Avignon, à Beaucaire, à Tarascon et à Arles, et se jette dans la Méditerranée.

D. Quel est le cours de la Garonne ?

R. La Garonne prend sa source dans les Pyrénées, passe à Toulouse, à Agen, à Bordeaux, et après avoir reçu la Dordogne, elle prend le nom de Gironde , qu'elle conserve jusqu'à son embouchure dans l'Océan.

D. Quelles sont les plus hautes montagnes de la France ?

R. Les Alpes , qui la séparent de l'Italie , les Pyrénées , qui la séparent de l'Espagne, le Cantal , le Jura , les Vosges , etc., etc., qui donnent leurs noms à divers départemens.

DIVISION DE LA FRANCE.

D. Comment divisait-on la France en 1789 ?

R. On divisait la France en trente-deux grands gouvernemens , dont huit au nord , treize dans le milieu et onze au midi. Il y avait en outre huit petits gouvernemens qui ne renfermaient pour la plupart qu'une ville.

D. Nommez les huit grands gouvernemens du nord avec leurs capitales.

R. Les huit grands gouvernemens du nord étaient :

Provinces. Capitales.	*Provinces.* Capitales.
1. La Flandre française, *Lille.*	5. L'Isle de France, *Paris.*
2. L'Artois, *Arras.*	6. La Champagne , *Troyes.*
3. La Picardie , *Amiens.*	7. La Lorraine, *Nancy.*
4. La Normandie , *Rouen.*	8. L'Alsace , *Strasbourg.*

D. Nommez les treize grands gouvernemens du milieu avec leurs capitales.

R. Les treize du milieu étaient :

Provinces. Capitales.	*Provinces.* Capitales.
1. La Bretagne , *Rennes.*	8. La Bourgogne , *Dijon.*
2. Le Maine , *Le Mans*	9. La Franche-Comté , *Besançon.*
3. L'Anjou , *Angers.*	10. Le Poitou , *Poitiers.*
4. La Tourraine, *Tours*	11. L'Aunis , *La Rochelle.*
5. L'Orléanais , *Orléans.*	12. La Marche , *Guéret.*
6. Le Berry , *Bourges.*	13. Le Bourbonnais, *Moulins.*
7. Le Nivernais , *Nevers.*	

D. Nommez les onze grands gouvernemens du midi avec leurs capitales.

R. Les onze du midi étaient :

Provinces.	Capitales.	*Provinces.*	Capitales.
1. La Saintonge et l'Angoumois,	*Saintes.*	6. La Guyenne,	*Bordeaux.*
2. Le Limousin,	*Limoges.*	7. Le Béarn,	*Pau.*
3. L'Auvergne,	*Clermont.*	8. Le Comté de Foix,	*Foix.*
4. Le Lyonnais,	*Lyon.*	9. Le Roussillon,	*Perpignan.*
5. Le Dauphiné,	*Grenoble.*	10. Le Languedoc,	*Toulouse.*
		11. La Provence,	*Aix.*

Les huit petits gouvernemens étaient :

1. Paris , dans l'Isle de France.
2. Le Boulonnais , en Picardie.
3. Le Hàvre-de-Grâce , en Normandie.
4. Saumur avec le Saumurois , entre l'Anjou et le Poitou.
5. Metz et Verdun , } en Lorraine:
6. Toul et le Toulois , }
7. Sédan , entre la Lorraine et la Champagne.
8. L'Isle de Corse.

D. La France ne posséde-t-elle pas en outre des colonies hors de l'Europe ?

R. Oui ; elle en a dans les trois autres parties du monde ; ces colonies avaient été prises presque toutes par les Anglais , qui en ont rendu une partie à la France , en vertu des traités de paix.

D. Nommez les colonies d'Amérique.

R. Saint-Domingue, la Martinique, la Guadeloupe , Cayenne.

D. Nommez les colonies d'Afrique.

R. Gorée et le Sénégal , l'Isle de Bourbon , Alger.

D. Nommez les colonies d'Asie.

R. Pondichéry, Chandernagor.

On trouvera la description de ces colonies dans la partie du monde où elles sont situées.

D. Comment a-t-on divisé le territoire de la France ?

R. Le territoire de la Fance est actuellement divisé en portions de territoire à-peu-près égales, qu'on nomme départemens. Chaque département se subdivise en arrondissemens de sous-préfecture ; chaque arondissement en cantons ou justices de paix ; chaque canton en communes.

D. Combien y a-t-il de départemens dans le territoire français ?

R. Il y en a quatre-vingt-six.

D. Comment sont-ils administrés ?

R. L'administration de chaque département est confiée à un préfet, celle de chaque arrondissement à un sous-préfet ; il y a pour chaque commune un maire, un ou plusieurs adjoints, un conseil municipal.

D. N'y a-t-il pas de plus grandes divisions !

R. Oui ; les quatre-vingt-six départemens ont été distribués en 21 divisions militaires. Il y a en outre, comme nous l'avons déja dit, 27 cours royales, dont chacune a plusieurs départemens dans son ressort. Enfin, il y a des archevêchés et des évêchés, dont chacun a des portions de département, un département, ou même plusieurs départemens dans sa circonscription.

D. Nommez les quatre-vingt-six départemens, suivant leurs différentes situations.

R. Pour plus de facilité, je les divise en trois parties, celle du nord, du milieu, du midi.

Voici leurs noms, en commençant par la partie du nord.

La partie du nord contient les départemens suivans :

Nord.	Bas-Rhin.	Ardennes.	Côt.-du-Nord.
Pas-de-Calais.	Manche.	Moselle.	Orne.
Somme.	Calvados.	Marne.	Seine-et-Oise.
Seine-infér.	Oise.	Meuse.	Seine.
Meurthe.	Aisne.	Eure.	Seine et-Marne

La partie du milieu contient les départemens suivans :

Finistère.	Loir-et-Cher.	Haute-Saône.	Haute-Vienne.
Morbihan.	Loiret.	Doubs.	Creuse.
Isle-et-Villain.	Cher.	Haut-Rhin.	Allier.
Loire-Infér.	Aube.	Vendée.	Puy-de-Dôme.
Mayenne.	Yonne.	Deux-Sèvres.	Saône-et Loire
Maine et Loire	Nièvre.	Vienne.	Jura.
Sarthe.	Haute-Marne.	Charente-Infé	Loire.
Indre-et-Loire	Côte-d'Or.	Charente.	Rhône.
Eure-et-Loir.	Vosges.	Indre.	Ain.

La partie du midi contient les départemenss uivans :

Dordogne.	Lot etGaronne	Bouches-du	Arriége.
Corrèze.	Lot.	Rhône.	Landes.
Cantal.	Aveyron.	Hautes-Alpes.	Gers.
Haute-Loire	Lozère.	Basses-Alpes.	Tarn-et-Gar.
Ardèche.	Tarn.	Var.	Ande.
Drôme.	Hérault.	Basses-Pyrénées	Pyrénées - O-
Isère.	Gard.	Hautes-Pyrénées	rientales.
Gironde.	Vaucluse.	Haute-Garonne.	Corse.

D. Faites la description du département de l'Ain.

R. Ce département est situé dans la partie du milieu, est borné par ceux de Saône-et-Loire, du Jura, de l'Isère et du Rhône ; *Bourg* en est le chef-lieu.

D. Combien renferme-t-il d'arrondissemens de sous-préfectures ?

R. Quatre, dont les chefs-lieux sont :

Bourg, chef-lieu de préfecture, trib. de première inst., à 43 myriamètre (97 lieues) de Paris. 8,424 h.

Nantua, trib. de première inst. ; *Belley*, trib. de première inst., évêch. ; *Trévoux*, trib. de première inst.

D. Que produit ce département ?

R. Du bois, des grains, du maïs ou blé de Turquie ; il y a des étangs poissonneux. pop. 341,354 habitans.

D. De quelles provinces est-il formé ?

R. De la *Bresse* , du *Bugey* , du *Valromey* et de la principauté de *Dombes*.

2. Le département de l'*Aisne* (1) , situé dans la partie du nord , est borné par ceux du Nord , des Ardennes, de la Marne, de Seine-et-Marne, de l'Oise et de la Somme ; il a 5 arondissemens de sous-préfectures , dont les chefs-lieux sont :

Laon , chef-lieu de préfecture , tr. ass. , à 13 myriamètres (33 lieues) de Paris. Cette ville bâtie en pierres calcaires , sur les ruines de l'ancienne bibrax , est située sur une montagne. On y jouit d'une belle vue et d'un air très-vif. Les cailloux et les sables de son territoire servent à fabriquer des glaces à Saint-Gobin. Population 7,358 habitans.

Soissons , sur l'Aisne, évêché, tr. — *Château-Thierri* , tr. — *Saint-Quentin* , place forte sur Somme , tr. — *Vervins* , tr.

Ce département produit beaucoup de grains et de fruits. Population 489,561 habitans. (Il est formé du Soissonnais , du Bauvoisis et du Vexin français.)

3. Le département de l'*Allier* , situé dans la partie du milieu, est borné par ceux du Cher, de la Nièvre , de Saône-et Loire , de la Loire, du Puy-de-Dôme , et de la Creuse ; il a 4 arrondissemens de sous-préfectures, dont les chefs-lieux sont :

Moulins , sur l'Allier , chef-lieu de préfecture, évêché, collége royal , à 29 myriam. (751.) de Paris, tr. ass. 14,525 habitans ; bâtie depuis le

---

(1) On a cru inutile de répéter ces demandes à chaque département. *tr.* indique le tribunal de première instance , *ass.* celui des assises.

XIVe siècle , cette ville est agréablement située dans une plaine fertile sur une grande rivière, et bien placée pour le commerce. Elle possède une fontaine d'eau minérale , une charmante promenade le long de l'Allier, et un beau pont.

Montluçon , tr. — *Gannat* , tr. — *La Palisse,* tribunal.

Ce département est fertile en grains , en vins, et en bois ; on y fait commerce de bœufs , porcs et poissons ; il y a des forges et des filatures de lin et de chanvre. Population 286,377 habitans. (Partie du Bourbonnais.)

4. Le département des *Alpes* (*Basses*), situé dans la partie du midi , est borné par le département des Hautes-Alpes , par les Alpes et par les départemens du Var, de Vaucluse et de la Drôme ; il prend son nom des Alpes qui le séparent du Piémont , et a 5 arrondissemens de sous-préfectures, dont les chefs-lieux sont :

Digne , chef-lieu de préfecture , évêché , tr. ass. ; à 75 myriam. et demi (197 l.) de Paris. 3,955 hab. Cette ville a des eaux minérales très-réputées.

Barcelonette, tr. — *Castellane* , tr. — *Sisteron* , tr. — *Forcalquier* , tr.

Ce département produit du blé, des fruits, et même du vin. Pop. 153,063 hab. (Partie de la Provence.)

5. Le département des *Alpes* (*Hautes*), situé dans la partie du midi , est borné par ceux de l'Isère , des Basses-Alpes et de la Drôme. Il a 3 arrondissemens de sous-préfect. , dont les chefs-lieux sont :

Gap, chef-lieu de préfecture, évêché, tr. ass. ; à 66 myriam. et demi (173 l.) de Paris. Cette ville mal bâtie est située au pied d'une montagne,

ou il y a des eaux minérales pour la fièvre tierce.
Son territoire est couvert de montagnes, et ses
vallées produisent de bons paturages. 7,015 hab.

Briançon, tr. — *Embrum*, tr.

Ce département est fertile en bois et en pâturages; mais il produit peu de blé; il y a quelques
mines de fer, de cuivre et de plomb. Population
125,329 hab. (Partie du Dauphiné.)

6. Le département de l'*Ardèche*, situé dans la
partie du midi, est borné par ceux de la Loire,
de l'Isère, de la Drôme, du Gard, de la Lozère
et de la Haute-Loire. Il a 3 arrondissemens de
sous-préfectures, dont les chefs-lieux sont :

Privas, préfecture, tr. ass. ; à 61 myriamètres
et demi (158 lieues) de Paris. Populat. 4,199
habitans.

Tournon, fameux collége, dirigé autrefois par
des Oratoriens, maintenant collége royal, tr.

L'Argentière, tr. — *Viviers*, évêché.

Ce département produit de bons vins. Population 328,399 hab. (Partie du Languedoc et du
Vivarais.)

7. Le département des *Ardennes*, situé dans
la partie du nord, est borné par ceux de la Meuse,
de la Marne et de l'Aisne. Il y a 5 arrondissemens de sous-préfectures, dont les chefs-lieux
sont :

Mezières, préfecture, tr. ; à 23 myriamètres
et demi (59 lieues) de Paris. Populat. 4,159
habitans.

Rocroy, tr. — *Rethel*, tr. — *Sédan*, renommé
pour ses draps, tr. — *Vouziers*, tr.

Ce département est fertile en bois, en blé et
en pâturages ; il y a des mines de fer, on y fait
commerce de clous et autres objets de ferronne-

rie. Population 281,084 habitans. (Partie de la Champagne et pays adjacens.)

8. Le département de l'*Ariège*, situé dans la partie du midi, est borné par ceux de la Haute-Garonne, de l'Aude, des Pyrénées-Orientales et par les Pyrénées. Il est divisé en 3 arrondissemens de sous-préfectures, dont les chefs-lieux sont :

Foix, préfecture, tr. ass. ; à 75 myriamètres et demi (195 lieues) de Paris. Popul. 3,843 habitans.

Pamiers, évêché, tr. , sur l'Ariége qui donne son nom à ce département. — *Saint-Girons*, tr.

De département ne produit guère que des pâturages et des mulets assez estimés Pop. 237,294 habitans. (Partie du Languedoc, Couserans et pays de Foix.)

9. Le département de l'*Aube*, situé dans la partie du milieu, est borné par ceux de l'Aisne, de la Marne, de la Haute-Marne, de la Côte-d'Or, de l'Yonne et de Seine-et Marne. Il est divisé en 5 arrondissemens de sous-préfectures, dont les chefs-lieux sont :

Troyes, préfecture, évêché, tr. ass. ; à 16 myriamètres (40 lieues) de Paris ; Cathédrale et hôpital remarquables, commerce actif, fabriques d'amidon et de blanc dit de *Troyes*. Population 25,587 habitans.

Arcis-sur-Aube, tr. — *Bar-sur-Aube*, tr. — *Bar-sur-Seine*, tr. — *Nogent-sur-Seine*, tr.

Ce département produit des grains et des vins, la partie du nord est stérile, celle du sud très-fertile. Population 241,803 habit. (Partie de la Champagne.)

10. Le département de l'*Aude*, situé dans la partie du midi, est borné par ceux du Tarn et de

l'Hérault, par la Méditerranée, par les départe-mens des Pyrénées-Orientales, de l'Arriége et de la Haute-Garonne. Il est divisé en 4 arron-dissemens de souspréfectures, dont les chefs-lieux sont :

Carcassonne, préfecture, évéché, tr. ass. ; à 76 myriam. et demi (196 l.) de Paris ; cette ville est partagée en haute et basse par l'Aude ; la dernière est bien bâtie. Population 17,755 habitans.

Narbonne, tr. — *Castelnaudary*, tr. — *Li-moux*, tr.

Le sol de ce département est calcaire ; il est fertile en grains, en vins, en olives et en mû-riers. Il s'y fait un grand commerce ; fabriques de draps, ouvrages de jaïet. Population 265,991 habitans. (Partie du Languedoc.)

11. Le département de l'*Aveyron*, situé dans la partie du midi, est borné par ceux du Cantal, de la Lozère, du Gard, de l'Hérault, du Tarn, de Tarn-et-Garonne et du Lot. Il est divisé en 5 arrondissemens de sous-préfectures, dont les chefs-lieux sont :

Rodez, sur l'Aveyron, préf., évéché, tr. ass., collége royal ; à 69 myr. (177 l.) de Paris. Pop. 7,747 h.

Espalion, tr. — *Milhaud*, tr. — *Saint-Afrique*, tr. — *Villefranche*, tr.

Ce département très-montagneux et peu fer-tile abonde en pâturages, en fruits et en bes-tiaux. On y trouve du fer, du cuivre rouge, du vitriol, du souffre, de l'alun et des marbres. Po-pul. 350,86 habit. (Le Rouergue.)

12. Le département des *Bouches-du-Rhône*, situé dans la partie du midi, est borné par ceux du Gard, de Vaucluse et du Var, et par la Médi-

terranée. Il est divisé en 3 arrondissemens de sous-préfectures, dont les chefs-lieux sont :

Marseille, très-belle ville et port, préfect., évêché, collége royal, tr. ; à 81 myriamètres (208 lieues) de Paris ; cette ville fait un grand commerce, surtout avec le levant, l'Espagne et l'Afrique. Pop. 115,943 h.

Aix, archevêché, cour royale, tr. ass. — *Arles*, qui a de belles antiquités. — *Tarascon*, tr.

Ce département produit l'olivier, le figuier, l'amandier, l'oranger, le citronier, le grenadier, etc. Il y a des fabriques de savon, des maufactures de tapisseries et de tanneries ; on y travaille le corail. Population 326,302 habitans. (Partie de la Provence.)

13. Le département du *Calvados*, situé dans la Partie du nord, est borné par la Manche et par les départemens de l'Eure, de l'Orne et de la Manche. Il est divisé en 6 arrondissemens de sous-préfectures, dont les chefs-lieux sont :

Caen, préfecture, cour royale, collége royal, tr. ; à 26 myriamètres et demi (67 lieues) de Paris. Industrie, manufacture très-active. Pop. 38,000 habitans.

Bayeux, évêché, tr. — *Pont-l'Evêque*, tr. — *Lisieux*, tr. — *Falaise*, tr. — *Vire*, tr.

Ce département abonde surtout en pâturages ; il produit beaucoup de pommes. Pop. 490,926 habit.

Il prend son nom des rochers qui se trouvent dans la mer près de l'embouchure de l'Orne, et fournissent beaucoup de poissons et de coquillages. (Partie de la Normandie.)

14. Le département du *Cantal*, situé dans la partie du midi, est borné par ceux du Puy-de-Dôme, de la Haute-Loire, de la Lozère, de l'Aveyron,

l'Aveyron, du Lot et de la Corrèze. Il est divisé
en 4 arrondissemens de sous-préfect. , dont les
chefs-lieux sont :

Aurillac , préfecture , tr. ; à 54 myriamètres
(133 lieues) de Paris. Population 9,576 habit.

Saint-Flour , évêché, tr. ass. — *Mauriac*, tr.
— *Murat* , tr.

Ce département ne produit que du bétail et
d'excellens pâturages ; il est d'ailleurs fort pauvre. Popul. 268,104 habitans. (Auvergne.)

Il tire son nom du Mont-*Cantal* qui en occupe
à peu-près le centre. On évalue à 10,000 le nombre d'habitans qui émigrent chaque année et
vont exercer leur profession dans tout le royaume.

15. Le département de la *Charente* , ainsi appelé de la rivière qui l'arrose , est situé dans la
partie du milieu ; il est borné par ceux des Deux-
Sèvres , de la Vienne , de la Haute-Vienne , de
la Dordogne et de la Charente-Inférieure. Il est
divisé en 5 arrondissemens de sous-préfectures ,
dont les chefs-lieux sont :

Angoulême , préfecture , évêché , tr. ass. ; à
45 myr. et demi (116 lieues) de Paris. Popul.
15,306 habitans.

Ruffec , tr. — *Confolens* , tr. — *Barbe-
sieux* , tr.

Cognac , sur la Charente , tr. Il s'y fait un
commerce considérable d'eau-de-vie.

Ce département produit du grain , du vin et
beaucoup de gibier ; les truffes y abondent , et
forment un objet important de commerce ; on y
fabrique de gros draps , des serges et du papier ;
il y a des fonderies de fer. Population 353,653
habit. (Angoumois et partie de la Saintonge.)

16. Le département de la *Charente-Inférieure* ,

situé dans la partie du milieu , est borné par ceux de la Vendée, des Deux-Sèvres, de la Charente, De la Dordogne, de la Gironde et par l'Océan. Il est divisé en 6 arrondissemens de sous-préfectures, dont les chefs-lieux sont :

La Rochelle , préfect. , port de mer , évêché, tr. ; à 47 myriamètres (120 lieues) de Paris. Population 14,073 habitans.

Saintes , collége royal , tr. ass. — *Rochefort*, port célèbre par son arsenal , tr. — *Saint-Jean-d'Angely* , tr. — *Jonsac*, tr. — *Marennes*, tr.

Il tire son nom du cours de la Charente qui prend sa source dans le départem. de la Haute-Vienne , coule d'abord dans celui de la Charente, et traverse celui de la Charente-inférieure.

Les îles de *Rhé* et d'*Oléron* sont vers les côtes de ce départem., la première au nord et la seconde au sud.

Ce département produit du vin , du chanvre et du lin ; il s'y fait un grand commerce d'eau-de-vie. Pop. 424,157 habitans. (L'Aunis et partie de la Saintonge.)

17. Le département du *Cher* , ainsi nommé de la rivière qui l'arrose, est situé dans la partie du milieu, et borné par ceux du Loiret, de la Nièvre, de l'Allier , de l'Indre , d'Indre-et-Loire. Il est divisé en 3 arrondissemens de sous-préfect., dont les chefs-lieux sont :

Bourges, préfecture, archevêché, cour royale, collége royal, tr. ; à 23 myriamètres et demi (59 lieues) de Paris. La cathédrale offre un des plus beaux morceaux d'architecture gothique de l'Europe. Pop. 19,500 habitans.

Sancerre , tr. — *Saint-Amand* , tr.

Ce département produit du chanvre , du lin ,

des bestiaux , du bois, des chataiguers. Populat.
243,501 habitans. (Partie du Berry.)

18. Le département de la *Corrèze* , qui tire
son nom d'une rivière qui y prend sa source, est
situé dans la partie du midi , et borné par ceux de
la Haute-Vienne , de la Creuse, du Puy-de-
Dôme , du Cantal , du Lot et de la Dordogne.
Il est divisé en 3 arrondissemens de sous-préfectures , dont les chefs-lieux sont :

Tulle , préfecture , évêché , tr. ass. ; à 46 myriam. (118 lieues) de Paris. Cette ville est bâtie
entre plusieurs vallons resserrés ; plusieurs de ses
rues sont adossées contre des rochers et des côtes
escarpées, ce qui en rend l'espect peu agréable
et la circulation difficile. Population 8,479 hab.

Ussel , tr. — *Brives* , tr.

Ce département produit du vin , du marbre ,
de l'ardoise. Population 284,879 hab. (Partie du
Limousin.)

19. Le département de la *Corse* est formé de
l'île de ce nom , situé dans la mer Méditerranée.
Il est divisé en 5 arrondissemens de sous-préfectures , dont les chefs-lieux sont :

Ajaccio , préfecture , évêché , cour royale ,
tr. ; à 87 myr. 3 Kilom. (273 l.) de Paris. Patrie
de Napoléon. Population 7,658 habitans.

Sartenne , tr. — *Bastia* , tr. — *Calvi* , tr. —
Corté , tr.

Le climat de la Corse est assez salubre ; à l'exception des terrains bas, où la stagnation des
eaux produit pendant les chaleurs un air très-mal
sain ; mais mille plantes salutaires et odoriféran-
tes , qui croissent à l'envie dans les charmantes
vallées de cette île , purifient l'atmosphère. La
Corse quoique en général peu fertile et mal cul-
tivée , produit du blé , du vin , des fruits , de

l'huile , de la soie. Elle a des belles foréts , des mines et des carrières. La pêche y est très abondante. Population 184,936 habitans. (L'île de Corse.)

20. Le département de la *Côte-d'Or* , ainsi nommé d'une chaine de collines couvertes de riches vignobles , situé dans la partie du milieu , est borné par ceux de l'Aube , de la Haute-Marne , de la Haute-Saône , du Jura , de Saône-et-Loire , de la Nièvre et de l'Yonne. Il est divisé en 4 arrondissemens de sous-préfectures , dont les chefs-lieux sont :

Dijon , préfecture , évêché , cour royale , collége royal , tr. ; à 30 myriamètres et demi (78 lieues) de Paris. Population 25,552 habit.

Chatillon , tr. — *Beaune* , d'où l'on tire de très-bon vin , tr. — *Sémur* , tr.

Ce département produit d'excellent vin , des grains , des fruits; on y trouve des mines de fer. Population 372,029 habit. (Partie de la Bourgogne.)

21. Le département des *Côtes-du-Nord* , situé dans la partie du nord , est borné par l'Océan et par les départemens d'Ille-et-Vilaine , du Morbihan et du Finistère. Il est divisé en 5 arrondissemens de sous-préfectures , dont les chefs-lieux sont:

Saint-Brieux , préf. , évêché , tr. ass. ; à 44 myr. et demi (114 lieues) de Paris. Pop. 10,360 habitans.

Lannion , tr. — *Dinan* , tr. — *Loudéac* , tr. — *Guinguamp* , tr.

Ce département , qui tire son nom des côtes septentrionales de la Bretagne qui le bordent dans sa longueur , est fertile en grains , chanvre, lin , miel et en excellens pâturages. Population 581,684 habitans. (Partie de la Bretagne.)

22. Le département de la *Creuse* , situé dans la partie du milieu , est borné par ceux de l'Indre, de l'Allier , du Puy-de Dôme, de la Corrèze et de la Haute-Vienne. Il est divisé en 4 arrondissemens de sous-préfectures , dont les chefs-lieux sont:

Guéret , préfecture , tr. ass. ; à 42 myriamètres (110 lieues) de Paris. Population 3,448 habit.

Boussac , le tr. de prem. instance est à Chambon.

Bourganeuf , tr. — *Aubusson* , célèbre par ses manufactures de tapisseries , tr. — *Chambon* , tr.

L'habitant est pasteur , ouvrier à journée et manufacturier. La principale richesse du pays consiste dans l'émigration d'environ 20,000 ouvriers qui chaque année se répandent dans toute la France , et reviennent à l'approche de l'hiver, jouir dans leur foyer du fruit de leurs traveaux. Population 248,932 hab. (Haute-Marche et pays circonvoisins.)

23. Le département de la *Dordogne* , situé dans la partie du midi, est borné par les départemens de la Charente , de la Haute-Vienne , de la Corrèze , du Lot , de Lot-et Garonne , de la Gironde et de la Charente-Inférieure. Il est divisé en 5 arrondissemens de sous-préfectures , dont les chefs-lieux sont :

Périgueux , préfecture , évêché , tr. ass. ; à 47 myriam. un quart (121 l.) de Paris. Popul. 11,300 habitans.

Nontron , tr. — *Sarlat* , tr. — *Bergerac* , tr. — *Riberac* , tr.

Ce département a des mine de fer et de cuivre,

et produit d'assez bons vins ; on y trouve des châtaignes , des noix et des truffes qui sont fort estimées. Il tire son nom de la Dordogne qui se forme dans le départ. du Puy-de-Dôme , de la réunion de deux ruisseaux nommés la *Dor* et la *Dogne* ; elle arrose la Corrèze , le Lot, la Dordogne et la Gironde , où elle se réunit à la Garonne pour former la Gironde. Populat. 463,578 habitans. (Périgord.)

24. Le Département du *Doubs* , ainsi appelé de la rivière de ce nom , situé dans la partie du milieu , est borné par ceux de la Haute-Saône , du Haut-Rhin , par la Suisse et le département du Jura. Il est divisé en 4 arrondissemens de sous-préfectures , dont les chefs-lieux sont :

Besançon , ville forte , préf. , arch. , cour royale , collége royal , tr. ; à 39 myriamètres et demi (101 l.) de Paris. Population 28,795 habit.

Beaume , tr. — *Montbéliard* , tr. — *Pontarlier* , tr.

Ce département est peu fertile en grains ; il produit des bois de bonne qualité ; il y a des mines de fer et des forges. L'industrie consiste en manufactures considérables d'horlogerie , fabriques de draps , toiles , hauts fourneaux , forges nombreuses. popul. 254,314 habit. (Franche-Comté.)

25. Le département de la *Drôme* , situé dans la partie du midi , tire son nom d'une rivière qui prend sa source dans les Alpes ; il est borné par ceux de l'Isère, des Hautes-Alpes , des Basses-Alpes, de Vaucluse et de l'Ardèche. Il est divisé en 4 arrondissemens de sous-préfectures , dont les chefs-lieux sont :

Valence , sur le Rhône , préfecture , évêché , tr. ass. ; à 56 myriam. (144 lieues) de Paris.; la

Cathédrale est décorée d'un monument élevé à la mémoire de Pie VI qui termina ses jours à Valence, dans la captivité, en 1799. Population 12,683 habit.

Die, tr. — *Nions*, tr. — *Montélimart*, tr.

Ce département produit des grains et de bons pâturages, on y fabrique des serges et des ratines; il y a des manufactures de savon. Populat. 284,791 habit. (Partie du Dauphiné.)

26. Le département de l'*Eure*, situé dans la partie du nord, est borné par ceux de la Seine-Inférieure, de l'Oise, de Seine-et-Oise, d'Eure-et-Loir, de l'Orne et du Calvados. Il est divisé en 5 arrondissemens de sous-préfectures, dont les chefs-lieux sont :

Evreux, préfecture, évêché, tr. ass.; à 10 myriamètres et demi (26 lieues) de Paris. Pop. 9,729 habit.

Pont-Audemer, tr. — *Louvier*, célèbre par ses manufactures de draps, tr. — *Les Andelys*, tr. — *Bernay*, tr.

Ce département abonde en grains, en bois et en fruits, en poires et en pommes; on y fait un grand commerce. Entr'autres curiosités, on voit dans les jardins de Gaillon une fontaine en forme de grotte, ornée de stalactites et de congélations tombant en forme de cul-de-lampe; cette fontaine pétrifie tout ce qu'on y jette. Population 421,665 habit. (Partie de la Normandie.)

27. Le département d'*Eure-et-Loir*, situé dans la partie du milieu, est borné par ceux de l'Eure, de Seine-et-Oise, du Loiret, du Loir-et-Cher, de la Sarthe et de l'Orne. Il est divisé en 4 arrondissemens de sous-préfectures, dont les chefs-lieux sont:

Chartres, sur l'Eure, préf., évêché, tr. ass.;

à 9 myriam. un quart (24 lieues) de Paris. ; on admire sa Cathédrale. Ses deux clochers sont regardés comme les plus précieux morceaux d'architecture gothique. Le plus haut s'élève de 60 toises au-dessus du sol. Le souterrain qui est au-dessous a servi à ce que l'on croit aux assemblées des Druides. Population 13,703 habit.

Nogent-le-Rotrou , tr. — *Chateaudun* , sur le Loir , tr. — *Dreux* , tr.

Ce département est fertile en grains , en pâturages et en fruits ; on y fait commerce de bestiaux. Population 278,215 habit. (Le pays Chartrain.)

28. Le département du *Finistère* , situé dans la partie du milieu , est borné par l'Océan et par les départemens des Côtes-du-Nord et du Morbihan. Il est divisé en 5 arrondissemens de sous-préfectures , dont les chefs-lieux sont :

Quimper , préfecture , évêché , tr. a^{es}. ; à 62 myriamètres un quart (132 lieues) de Paris ; commerce , bestiaux, grains , lin , toiles. Population 9,693 hab.

Brest , port de mer , célèbre par son arsenal , tr. — *Morlaix* , tr. — *Chateaulin* , tr. — *Quimperlé* , tr.

Ce département produit du blé , du lin , du chanvre et des légumes, des ardoises et du plomb ; il comprend 12,770 hectares de forêts ; ses côtes sont hérissées de masses de granit d'une hauteur considérable. Les brouillards y sont fréquents , et la côte éprouve souvent des tempêtes. Popul. 502,831 habit. (Partie de la Bretagne.)

29. Le département du *Gard* , situé dans la partie du midi , est borné par ceux de la Lozère, de l'Ardèche , de Vaucluse , des Bouches-du-Rhône , la mer Méditerranée , les départemens

de l'Hérault et de l'Aveyron. Il est divisé en 4 arrondissemens de sous-préfectures , dont les chefs-lieux sont:

Nîmes , préfecture , évêché , cour royale , collége royale , tr. ; à 70 myriamètres un quart (180 lieues) de Paris ; cette ville est remplie d'antiquités : on y voit la *Maison carrée* , les *Arênes* , la *Porte de César*, une fontaine creusée dans le roc par la nature , en cone renversé , le *Temple de Diane* et la *Tour-Magne*. Nîmes est la patrie de l'Empereur Antonin. Pop. 39,068 h.

Alais , tr. — *Uzès* , tr. — *Le Vigan* , tr.

Ce département produit des oliviers en abondance , on y recueille aussi de bons vins. Population 347,550 habit. (Partie du Languedoc.)

30. Le département de la *Haute-Garonne*, situé dans la partie du midi , est borné par ceux du Tarn-et-Garonne , Tarn , Aude , Arriège , les Pyérnées , les départemens des Hautes-Pyrénées et du Gers. Il est divisé en 4 arrondissemens de sous-préfectures , dont les chefs-lieux sont:

Toulouse , sur la Garonne , préf. , archevéché , cour royale , collége royal , tr. ; à 67 myriamètres (172 lieues) de Paris ; patrie de Benoit XII. Popul. 53,319 habit.

Villefranche , tr. — *Muret* , tr. — *Saint-Gaudens* , tr.

Ce département produit des grains , des vins et de bons pâturages ; son territoire au midi est hérissé de hautes montagnes , du sommet de plusieurs jaillissent des sources nombreuses, dont quelques unes ont des propriétés minérales. Plusieurs lacs profonds sont enfermés entre des montagnes. D'affreux précipices et des rochers nus se voient souvent près de beaux pâturages, d'épaisses forêts et de riantes vallées. Il s'y fait

commerce de draperies , de laines et de merce-
rie. Pop. 405,236 habit. (Partie du Languedoc.)

31. Le département du *Gers* , situé dans la
partie du midi , est borné par ceux de Lot-et-
Garonne , Tarn-et-Garonne , Haute-Garonne ,
Hautes-Pyrénées , Basses-Pyrénées , Landes. Il
est divisé en 5 arrondissem. de sous-préfectures,
dont les chefs-lieux sont :

Auch , préfecture , évêché, tr. ass. ; à 74 myriamètres (190 lieues) de Paris. Le plus beau monument de cette ville est l'ancienne Cathédra.e
fondé par Clovis , remarquable par l'élevation
des voutes , un beau portail moderne , deux belles tours carrées , un escalier en granit de 200
marches , et par ses vitraux magnifiques. Population 10,844 habit.

Condom , tr. — *Lectoure* , tr. — *Lombès* , tr.
— *Mirande* , tr.

Ce département produit de beaux fruits et
d'assez bons vins ; on y fabrique de bonnes eaux-
de vie. Population 306,971 habit. (Partie de la
Guyenne.)

32. Le département de la *Gironde* , situé dans
la partie du midi, est borné par ceux de la Charente-Inférieure , de la Dordogne , du Lot-et-
Garonne et des Landes. Il est divisé en 6 arrondissemens de sous-préfectures , dont les chefs-
lieux sont:

Bordeaux , sur la Garonne , avec un bon port,
pouvant contenir 1000 vaisseaux , préfecture ,
archevêché , cour royale , collége royal , tr. ; à
57 myriamètres et demi (158 lieues) de Paris ;
les quartiers neufs de Bordeaux renferment de
beaux édifices. Population 93,549 habitans.

Blaye , tr. — *Libourne* , tr. — *La Réole* , sur
la Garonne, tr. — *Bazas* , tr. — *Lespare* , tr.

Ce département est fertile en grains, en fruits et en bons vins ; il s'y fabrique d'excellentes liqueurs ; le commerce d'exportation embrasse outre les productions du pays et celles de tout.le midi de la France. L'importation s'étend sur les productions des autres pays de l'Europe, et les marchandises de tous les pays du monde. Population 537,714 habitans. (Partie de la Guyenne.)

33. Le département de l'*Hérault*, situé dans la partie du midi, est borné par ceux de l'Aveyron et du Gard, par la mer Méditerranée, par les départemens de l'Aude et du Tarn. Il est divisé en 4 arrondissem. de sous-préfectures, dont les chefs-lieux sont :

Montpellier, préfecture, évéché, cour royale, collége royal, tr. ; à 75 myriamètres un quart (193 lieues) de Paris ; ville reputée par la bonté de son air. Ecole de médecine, de pharmacie, de dessin, d'architecture, Athénée, Observatoire astronomique, etc. Population 35,842 habitans.

Lodève, tr. — *Béziers*, tr. — *Saint-Pons*, tr. — *Cette*, port de mer. tr.

Ce département est fertile en grains et en fruits ; la vigne, les oliviers, les mûriers y viennent bien ; on y fait un grand commerce d'eau-de-vie, bestiaux, laines, huiles, soieries, etc. Population 324,564 habitans. (Partie du Languedoc.)

34. Le département d'*Ille-et-Villaine*, situé dans la partie du milieu, est borné par la mer et par les départemens de la Manche, de Mayenne, de la Loire-Inférieure, du Morbihan et des Côtes-du-Nord. Il est divisé en 6 arrondissemens de sous-préfectures, dont les chefs-lieux sont :

Rennes, préfect., évêché, cour royale, collége royal, tr. ; à 34 myriamètres deux tiers (83 lieues) de Paris. Population 29,377 habitans.

Saint-Malo, port de mer, tr. — *Fougères*, tr. — *Vitré*, tr. — *Redon*, tr. — *Montfort*, tr.

Ce département produit du lin, du chanvre, de bons pâturages, des légumes et du fruit ; une partie du sol ne présente que des landes arides. On y cultive en grand le tabac, le chanvre et le lin. On y compte 110,057 hectares de forêts, et seulement 306 hectares de vignes. Population 551,100 habitans. (Partie de la Bretagne.)

35. Le département de l'*Indre*, situé dans la partie du milieu, est borné par ceux d'Indre-et-Loire, de Loire-et-Cher, du Cher, de la Creuze, de la Haute-Vienne et de la Vienne. Il est divisé en 4 arrondissemens de sous-préfectures, dont les chefs-lieux sont :

Châteauroux, préfecture, tr. ass. ; à 26 myriamètres (65 lieues) de Paris. Populat. 11,010 habitans.

Issoudun, tr. — *La Châtre*, tr. — *Le Blanc*, tr.

Il y a dans ce département d'excellentes prairies et beaucoup de bois qui occupent une partie de son territoire. Le reste est couvert de larges étangs peu profonds qui couvrent et abandonnent alternativement les rives plates de leurs bassins ; les dépôts qu'y laissent les eaux en se retirant produisent des exhalaisons funestes sur tous les êtres animés de cette contrée. Population 237,628 habitans. (Partie du Berri.)

36. Le département d'*Indre-et-Loire*, situé dans la partie du milieu, est borné par ceux de la Sarthe, de Loir-et-Cher, de l'Indre, de la Vienne et de Maine-et-Loire. Il est divisé en 3

arrondissemens de sous-préfectures, dont les chefs-lieux sont :

Tours, préfecture, archevêché, tr. ass. ; à 24 myriamètres un quart (62 lieues) de Paris; beaux édifices, entr'autres la Cathédrale ; environs très-agréables, industrie et commerce en produits de ses manufactures. Population 20,920 habitans.

Loches, tr. — *Chinon*, tr.

Ce département est fertile en blé, en vin, légumes, pâturages, fruits, miel, gomme, huiles, etc. Population 290,660 habitans. (La Tourraine.)

37. Le département de l'*Isère*, situé dans la partie du midi, est borné par ceux de l'Ain, des Hautes-Alpes, de la Drôme, de l'Ardèche, de la Loire et du Rhône. Il est divisé en 4 arrondissemens de sous-préfectures, dont les chefs-lieux sont :

Grenoble, sur l'Isère, préfecture, évêché, cour royale, collége royal, tr. ; à 56 myr. trois quart (145 lieues) de Paris. Population 22,149 habitans.

Vienne, sur le Rhône, tr. — *Saint-Marcellin*, tr. — *La Tour-du-Pin* ; le tr. est à *Bourgoin*.

Ce département produit du bois, du fer, du charbon de terre, d'excellens vins ; son territoire est très-montagneux. Les sites les plus pittoresques s'y répètent à l'infini ; on remarque surtout la belle vallée de Graisivaudan, aux environs de Grenoble, et la grande Chartreuse, vaste monastère très-curieux, situé dans les montagnes et entouré de forêts. Pop. 525,984 habit. (Partie du Dauphiné.)

38. Le département du *Jura*, situé dans la partie du milieu, est borné par ceux de la Haute-

Saône et du Doubs , par la Suisse , par les départemens de l'Ain , de Saône-et-Loire et de la Côte-d'Or. Il est divisé en 4 arrondissemens de sous-préfectures , dont les chefs-lieux sont :

Lons-le-Saulnier , préfecture , tr. ass. ; à 41 myriam. (105 lieues) de Paris. Populat. 7,864 habitans.

Dôle , tr. — *Saint-Claude* , évêché, tr.

Poligny ; le tr. est à *Arbois.*

Ce département produit du blé , des vins, des fruits, des légumes , du maïs ou blé de Turquie ; son territoire offre beau marbre , albâtre, acides minéraux , mines de fer , houillères , sources d'eau salée. L'industrie, extrêmement active , embrasse la fabrication en grand du fer, de l'acier , le travail des pierres fines et factices ; la grande est très-ancienne fabrique , dite *Tournerie de Saint-Claude* , qui convertit le bois , le buis , la corne et les os en une foule de petits objets , que le commerce répand ensuite dans toute l'Europe. L'horlogerie si renommée du *Comté.* Pop. 310,282 hab. (Partie de la Franche-Comté.)

39. Le département des *Landes* , situé dans la partie du midi, est borné par ceux de la Gironde, de Lot-et-Garonne , du Gers , des Basses-Pyrénées et par la mer. Il est divisé en 3 arrondissemens de sous-préfectures , dont les chefs-lieux sont :

Mont-de-Marsan , préfecture , tr. ; à 70 myriamètres un quart (180 lieues) de Paris. Pop. 3,088 hab.

Saint-Sever , tr. — *Dax* , tr.

Ce département produit , dans quelques endroits, du grain et du vin ; on y trouve aussi des sapins et des chênes ; sur la côte il ne présente absolument que des sables, des pins et des bruyères. Population 265,109 habitans. (Partie de la Guyenne.)

40. Le département de *Loir-et-Cher*, situé dans la partie du milieu, est borné par ceux d'Eure-et-Loir, du Loiret, du Cher, de l'Indre et d'Indre-et-Loire. Il est divisé en 3 arrondissemens de sous-préfectures, dont les chefs-lieux sont :

Blois, sur la Loire, préf., évêché, tr. ass. ; à 18 myriamètres (42 lieues) de Paris. Cette ville, dont les rues sont étroites et tortueuses, est traversée par un superbe aqueduc taillé dans le roc. Population 11,337 habitans.

Vendôme, collége royal, tr. — *Romorantin*, tr.

Ce département fait commerce de ganterie, bonneterie, coutellerie, et renferme des mines de fer, des carrières d'albâtre, des pierres de silex, et est le centre d'une grande fabrication de pierres à fusil. Pop. 227,666 h. (Partie de l'Orléannais, le Blaisois.)

41. Le département de la *Loire*, situé dans la partie du milieu, est borné pas ceux de l'Allier, de Saône-et-Loire, du Rhône, de l'Isère, de l'Ardêche, de la Haute-Loire et du Puy-de-Dôme. Il est divisé en 3 arrondissemens de sous-préfectures, dont les chefs-lieux sont :

Montbrison, préfecture, tr. ass.; à 44 myriam. un tiers (113 lieues) de Paris. Cette ville, généralement mal bâtie, est dominée par un rocher volcanique, d'une forme pittoresque. On remarque le dôme de l'église de Sainte Marie d'une belle exécution. Eaux minérales. Populat. 5,156 habit.

Roanne, sur la Loire, tr. — *Saint-Etienne*,

tr. Grandes manufactures , mines de fer , houillères aboundantes , armes , quincaillerie , clouterie , soieries , rubanerie , draps , toilerie , papeterie , tannerie.

Ce département produit du blé et du vin. Population 375,814 hab. (Le Forez.)

42. Le département de *Haute-Loire*, situé dans la partie du midi , est borné par ceux du Puy-de-Dôme , de la Loire , de l'Ardêche , de la Lozère et du Cantal. Il est divisé en 3 arrondissemens de sous-préfectures , dont les chefs-lieux sont :

Le Puy , préfect. , évêché , tr. ass. ; à 50 myriamètres et demi (129 lieues) de Paris. Cette ville est bâtie en amphithéâtre au pied et sur la pente méridionale du mont Anis. On remarque le portail de la Cathédrale , élevé sur un immense perron de 118 marches , et son frontispice orné d'une espèce de mosaïque ; on remarque encore les peintures précieuses , et le tombeau de Duguesclin , qui décorent le superbe vaisseau des anciens Dominicains. Pop. 14,998 hab.

Brioude , tr. — *Yssingeaux* , tr.

Ce département produit des pâturages et du bois ; on en tire ces beaux marrons , connu sous le nom de marrons de Lyon ; riches houillères et mines ; marbres, pierres meulières , fabrique de dentelles blondes et rubans ; soieries ; bêtes à laine et mulets. Pop. 284,453 hab. (Le Vélai.)

43. Le département de la *Loire-Inférieure*, situé dans la partie du milieu , est borné par ceux du Morbihan , d'Ille-et-Villaine , de Maine-et-Loire, de la Vendée et par l'Océan. Il est divisé en 5 arrondissemens de sous-préfectures , dont les chefs-lieux sont :

Nantes , sur la Loire , port , préfecture , évê-

ché , collége royal , tr. ass. ; à 39 myriamètres
(99 lieues) de Paris. Population 71,739 habit.

Savenay , tr. — *Châteaubriant* , tr. — *Ancenis* , tr. — *Paimbœuf* , tr.

Ce département produit du charbon de terre minéral ou fosile ; on y fabrique des cotonnades , des basins, des coutils , des serges ; les marais salans le long de la côte sont d'une grande ressource pour les habit. Populat. 455,088 hab. (Partie de la Bretagne.)

44. Le département du *Loiret* , situé dans la partie du milieu , est borné par ceux d'Eure-et-Loir , Seine-et-Oise , Seine-et-Marne , Yonne , Nièvre , Cher , Loir-et-Cher. Il est divisé en 4 arrondissemens de sous-préfectures , dont les chefs-lieux sont :

Orléans , sur la Loire , préfecture , évêché , cour royale , collége royal , tr. ; à 12 myriamètres un tiers (31 lieues) de Paris. Pop. 40,340 habitans.

Pithiviers , tr. — *Montargis* , célèbre par ses manufactures de papiers , tr. — *Gien* , tr.

Ce département est fertile en grains, en fruits, en miel , en safran. Population 304,233 habit. (Partie de l'Orléannais et du Gatinais.)

45. Le département du *Lot* , situé dans la partie du midi , est borné par ceux de la Dordogne, de la Corrèze , du Cantal , de l'Aveyron , du Tarn-et-Garonne et de Lot-et-Garonne. Il est divisé en 3 arrond. de sous-préfectures , dont les chefs-lieux sont :

Cahors , sur le Lot , préfecture , évêché, collége royal, tr. ass. ; à 56 myriam. (145 lieues) de Paris. Population 12,413 habitans.

Figéac , tr. — *Gourdon* , tr.

Ce département est fertile en blé , en vins et

en fruits. On remarque deux fontaines, le Gourg
et le Bouley , dont l'irruption n'a lieu qu'après
de grosses pluies. Celle de Bouley est ordinairement précédée d'un grand bruit ; elles inondent
les valées , déracinent les arbres et causent les
plus grands ravages à la campagne. Population
280,715 habitans. (Le Quercy.)

46. Le département de *Lot-et-Garonne* , situé
dans la partie du midi , est borné par ceux de la
Dordogne , du Lot , de Tarn-et-Garonne , du
Gers , des Landes et de la Gironde. Il est divisé
en 4 arrondissemens de sous-préfectures , dont
les chefs-lieux sont :

Agen , préfecture , évêché, cour royale , collége royal , tr. ; à 71 myriam. et demi (183 l.)
de Paris. Cette ville possède de belles promenades et des ruines , monumens de son ancienne
splendeur ; fabrique de chandelles , commerce
d'eau-de-vie , prunes d'Agen. Popul. 11,971 habitans.

Marmande , tr. — *Nérac* , tr. — *Villeneuve-
d'Agen* , tr.

Ce département produit du blé , du vin et des
fruits. Pop. 336,886 hab. (L'Agénois et partie
de la Guyenne.)

47. Le département de la *Lozère* , situé dans
la partie du midi , est borné par ceux du Cantal , de la Haute-Loire , de l'Ardèche , du Gard
et de l'Aveyron. Il est divisé en 3 arrondissemens
de sous-préfectures , dont les chefs-lieux sont :

Mende , préfecture , évêché, tr. ass. ; à 56
myriam. et demi (145 lieues) de Paris. Popul.
5,445 habitans.

Marvejols , tr. — *Florac* , tr.

Ce département est montueux , froid et peu
fertile. Pop. 138,958 hab. (Partie du Languedoc.)

48. Le département de *Maine-et-Loire* , situé dans la partie du milieu, est borné par ceux de la Mayenne , de la Sarthe , d'Indre-et-Loire , de la Vienne, des deux-Sèvres, de la Vendée et de la Loire-Inférieure. Il est divisé en 5 arrondissemens de sous-préfectures , dont les chefs-lieux sont :

Angers , préfecture , évêché, cour royale , collége royal, tr. ; à 30 myriamètres (67 lieues) de Paris ; commerce en productions du pays. Popul. 29,978 hab.

Segré , tr. — *Beaugé* , tr. — *Saumur* , tr. — *Beaupréau* , tr.

Ce département produit du grain , du vin , du chanvre , du lin, du bois , des fruits ; il s'y fait un grand commerce de bestiaux et d'ardoises ; ce pays , anciennement habité par les Gaulois , possède plusieurs monumens : on y rencontre des portions de temples et des édifices , restes de la domination des Romains. Popul. 458,674 habitans. (L'Anjou et le Saumurois.)

49. Le département de la *Manche* , situé dans la partie du nord , est borné par la mer , et par les départemens du Calvados , de l'Orne , de la Mayenne et d'Ille-et-Villaine. Il est divisé en 6 arrondissemens de sous-préfectures , dont les chefs-lieux sont :

Saint-Lô , port de mer , préfecture , tr. ; à 32 myriamètres et demi (70 lieues) de Paris ; on remarque l'église N. D. d'architecture gothique. L'église Saint-Croix regardée comme le morceau d'archit. saxonne , le mieux conservé qui nous reste. Pop. 8,509 habitans.

Coutance , évêché , tr. — *Valognes* , tr. — *Cherbourg* , port de mer, tr. — *Mortain* , tr. — *Avranches* , tr.

Ce département produit beaucoup de pâturages ; on y récolte aussi du grain et des légumes. Population 611,206 habitans. (Partie de la Normandie.)

5o. Le département de la *Marne*, situé dans la partie du nord, est borné par ceux de l'Aisne, des Ardennes, de la Meuse, de la Haute-Marne, de l'Aube et de Seine-et-Marne. Il est divisé en 5 arrondissem. de sous-préfectures, dont les chefs-lieux sont :

Chalons, sur la Marne, préf., évêché, tr. ; à 16 myr. et demi (42 lieues) de Paris. Popul. 12,419 habitans.

Reims, collége royal, tr. — *Sainte-Mene-hould*, tr. — *Vitry-sur-Marne*, tr. — *Epernay*, tr.

Ce département produit une grande quantité d'excellens vins. Le pain-d'épice et les biscuits de Reims sont trés-estimés. Pop. du département 325,045 hab. (Partie de la Champagne.)

51. Le département de la *Haute-Marne*, situé dans la partie du milieu, est borné par ceux de la Marne, de la Meuse, des Vosges, de la Haute-Saône, de la Côte-d'Or et de l'Aube. Il est divisé en 3 arrond. de sous-préfect., dont les chefs-lieux sont :

Chaumont, préfecture, tr. ass. ; à 25 myriamètres (63 lieues) de Paris. Population 6,027 habitans.

Vassy, tr. — *Langres*, collége royal, évêché, tr.

Ce département est fertile en grains ; il produit aussi de fort bons vins ; il fait un grand commerce de bois en planche et merein ; son sol recèle d'inépuisables mines de fer. Populat. 244,823 habitans. (Partie de la Champagne.)

52. Le département de la *Mayenne*, situé dans la partie du milieu, est borné par ceux de la Manche, de l'Orne, de la Sarthe, de Maine-et-Loire et d'Ille-et-Vilaine. Il est divisé en 3 arrondissemens de sous-préfectures, dont les chefs-lieux sont :

Laval, préfecture, tr. ass. ; à 28 myriamètres (72 lieues) de Paris. Population 15,840 habitans.

Mayenne, tr. — *Château-Gontier*, tr.

Ce département produit des grains, du lin, du chanvre ; on y fabrique les toiles connues sous les noms de laval, linge de table, coutils, siamoise, calicots, etc. Population 348,138 habitans. (Partie du Maine et de l'Anjou.)

53. Le département de la *Meurthe*, situé dans la partie du nord, est borné par ceux du Bas-Rhin, des Vosges et de la Meuse. Il est divisé en 5 arrondissemens de sous-préfectures, dont les chefs-lieux sont :

Nancy, préfecture, évêché, cour royale, tr.; à 33 myriamètres et demi (86 lieues) de Paris. Population 29,122 habitans.

Toul, tr. — *Château-Salins*, tr. — *Sarrebourg*, tr. — *Lunéville*, tr.

Ce département est fertile en blé, en vin, en lin et en chanvre. Pop. 403,021 hab. (Partie de la Lorraine.)

54. Le département de la *Meuse*, situé dans la partie du nord, est borné par ceux des Ardennes, de la Meurthe, des Vosges, de la Haute-Marne et de la Marne. Il est divisé en 4 arrondissemens de sous-préfectures, dont les chefs-lieux sont :

Bar-le-Duc, préfecture, tr. ; à 25 myriam. (64 lieues) de Paris. Pop. 12,520 hab.

Verdun, tr. — *Montmédy*, tr. — *Commercy*; le tr. est à *Saint-Mihiel*.

Ce département produit, comme le précédent, du vin ; du blé et du lin ; l'industrie consiste dans l'apprêt du fer, la filature et le tissage en grand du coton et de la laine, et dans les fabriques de verre, papiers, dentelles, etc. Son sol renferme 180,234 hectares de forêts et 13,000 hectares de vigne. Pop. 306,332 hab. (Le Barrois, partie de la Lorraine.)

55. Le département du *Morbihan*, situé dans la partie du milieu, est borné par les départemens du Finistère, des Côtes-du-Nord, d'Ille-et-Villaine, de la Loire-Inférieure et par l'Océan. Il est divisé en 4 arrond. de sous-préf., dont les chefs-lieux sont :

Vannes, préfecture, évêché, tr. ass. ; à 50 myriamètres (108 lieues) de Paris ; commerce actif ; construction de navires. Populat. 11,289 habitans.

Ploermel, tr. — *Lorient*, port de mer, tr. — *Pontivy*, collége royal, tr.

Ce département produit du blé, des bestiaux et d'excellens pâturages. Les habitans font un commerce considérable en beurre, miel, cire, et se livrent à la pêche, surtout de la sardine. Populat. 425,453 hab. (Partie de la Bretagne.)

56. Le département de la *Moselle*, situé dans la partie du nord, est borné par ceux du Bas-Rhin, de la Meurthe et de la Meuse. Il est divisé en 4 arrondissemens de sous-préfect., dont les chefs-lieux sont :

Metz, sur la Moselle, ville forte, préfecture, évêché, cour royale, collége royal, tr. ; à 31 myriam. (70 lieues) de Paris. Metz doit ses nouvelles et immenses fortifications aux maréchaux de Vauban et de Belle-Isle. On remarque les caserues, l'arsenal d'artillerie et la cathédrale, édifice gothique de 363 pieds de long sur 73 de large, et dont la tour a 345 pieds de haut. Popul. 45,276 hab.

Briey, tr. — *Thionville*, tr. — *Sarreguemines*, tr.

Ce départememement produit du blé, de l'orge, du lin et du vin. Population 410,410 habitans. (Partie de la Lorraine et des Trois-Evêchés.)

57. Le département de la *Nièvre*, situé dans la partie du milieu, est borné par ceux du Loiret, de l'Yonne, de la Côte-d'Or, de Saône-et-Loire, de l'Allier et du Cher. Il est divisé en 4 arrondissemens de sous-préfectures, dont les chefs-lieux sont :

Nevers, au confluent de l'Allier avec la Loire, préfecture, évêché, tr. ass. ; à 23 myriamètres et demi (60 lieues) de Paris. Population 15,782 habitans.

Cosne, tr. — *Clamecy*, tr. — *Château-Chinon*, tr.

Ce département produit du blé, des vins, du bois, du charbon de terre, etc. ; on y trouve des mines de fer, et même des mines d'argent. Popul. 271,977 habitans. (Le Nivernois.)

58. Le département du *Nord*, situé dans la partie du nord, est borné par la mer et par les départemens de l'Aisne et du Pas-de-Calais. Il est divisé en 6 arr. de sous-préfectures, dont les chefs-lieux sont :

Lille, place forte, préfecture, collége royal, tr. ; à 23 myriamètres et demi (60 lieues) de Paris. Les rues de cette ville sont larges et propres, elle est entourée de fortifications immenses, et défendues par une citadelle construite par

Vauban, et regardée comme une des plus belles de l'Europe. Population 69,860 habitans.

Douay, place forte, cour royale, collége royal, tr. — *Cambray*, évêché, tr. — *Dunkerque*, port de mer, tr. — *Avesnes*, tr. — *Haze-brouck*, tr.

Ce département est des plus importans de la France, tant sous le rapport de sa population, qui est de 962,558 h., que sous celui de ses productions et de son industrie. (Partie de la Flandre, le Hainaut.)

59. Le département de l'*Oise*, situé dans la partie du nord, est borné par ceux de la Somme, de l'Aisne, de Seine-et-Marne, de Seine-et-Oise, de l'Eure et de la Seine-Inférieure. Il est divisé en 4 arrond. de sous-préfectures, dont les chefs-lieux sont :

Beauvais, préfect., tr. ass. ; à 8 myriamètres trois quarts (16 lieues) de Paris. Population 12,865 habit.

Clermont, tr. — *Compiègne*, tr. — *Senlis*, tr.

Ce département produit du blé, du chanvre, du lin, des légumes, du bois, des pommes ; on en tire des volailles, des bestiaux et de la laine. Pop. 385,144 hab. (Partie de l'Isle de France, le Beauvoisis, etc.)

60. Le département de l'*Orne*, situé dans la partie du nord, est borné par ceux du Calvados, de l'Eure, de l'Eure-et-Loir, de la Sarthe, de la Mayenne et de la Manche. Il est divisé en 4 arrondissemens de sous-préfectures, dont les chefs-lieux sont :

Alençon, préfecture, tr. ass. ; à 19 myriamètres un quart (45 lieues) de Paris. C'est dans cette ville que se fabriquent les magnifiques dentelles, connues sous le nom de *point d'Alençon*,

ou

ou *point de France*, fabriques établies par Colbert. Populat. 14,071 habit.

Domfront, tr. — *Argentan*, tr. — *Mortagne*, tr. — *Séez*, évêché.

Ce département produit d'excellens pâturages. Popul. 434,379 hab. (Partie de la Normandie, et partie septentrionale du Perche.)

61. Le département du *Pas-de-Calais*, situé dans la partie du nord, est borné par la mer et par les départemens du Nord et de la Somme. Il est divisé en 6 arrondissemens de sous-préfectures, dont les chefs-lieux sont :

Arras, sur la Scarpe, préfecture, évêché, tr. On y remarque la cathédrale très-grande, de vastes places, la basse ville, de beaux édifices, et les glacis de la citadelle, ouvrage de Vauban. Pop. 22,173 hab.

Boulogne, port de mer, tr. — *Saint-Omer*, place forte, sur l'Aa, coll. royal, tr. — *Béthune*, tr. — *Montreuil*, port de mer, tr. — *Saint-Pol*, tr.

Ce département produit du blé, du chanvre, du lin, du colza, des pâturages. Popul. 642,924 habitans. (L'Artois, etc.)

62. Le département du *Puy-de-Dôme*, situé dans la partie du milieu, est borné par ceux de l'Allier, de la Loire, de la Haute-Loire, du Cantal, de la Corrèze et de la Creuze. Il est divisé en 5 arrond. de sous-préfectures, dont les chefs-lieux sont :

Clermont-Ferrand, préfecture, évêché, collége royal, tr. ; à 33 myriamètres et demi (98 lieues) de Paris. Population 30,010 habitans.

Riom, cour royale, tr. — *Thiers*, tr. — *Ambert*, tr. — *Issoire*, tr.

Ce département produit des pâturages, du

beurre, des fromages et des plantes aromatiques. On y retrouve partout les effets des erruptions volcaniques. On y reconnaît une cinquantaine d'anciens cratères, et environ 70 puys ou montagnes qui sont d'anciens volcans. Pop. 566,564 habit. (Partie de l'Auvergne.)

63. Le département des *Basses-Pyrénées*, situé dans la partie du midi, est borné par les départemens des Landes, du Gers, des Hautes-Pyrénées, par les Monts-Pyrénées et par la mer. Il est divisé en 5 arrond, de sous-préfect., dont les chefs-lieux sont :

Pau, préfecture, cour royale, collége royal, tr. ; à 78 myr. un quart (200 l.) de Paris. On y fabrique beaucoup de toiles et de mouchoirs. C'est aux environs de Pau que naquit Henri IV, dans un château que l'on voit encore. Population 11,761 habit.

Baïonne, port de mer, évêché, tr. — *Oléron*, tr. — *Orthès*, tr. — *Mauléon*, tr.

Ce départ. produit du vin, du millet, de l'avoine, des fruits ; les jambons de Baïonne sont très-estimés. Populat. 418,467 habit. (Le Béarn, la Navarre.)

64. Le département des *Hautes-Pyrénées*, situé dans la partie du midi, est borné par ceux des Basses-Pyrénées, du Gers, de la Haute-Garonne et par les Monts-Pyrénées. Il est divisé en 3 arrond. de sous-préfectures, dont les chefs-lieux sont :

Tarbes, préfecture, tr. ass. ; à 81 myriamètres et demi (208 lieues) de Paris. Popul. 8,712 habitans.

Bagnères, tr. — *Argelès*, tr.

Ce département produit du seigle, du millet et du blé d'Espagne ; on y trouve des mines de fer, de plomb, de cuivre ; il fournit d'excellens chevaux ; les eaux minérales de Bagnères et de Barège y attirent beaucoup de monde. Populat. 222,059 hab. (Le Bigore, les Quatre-Vallées.)

65. Le département des *Pyrénées-Orientales*, situé dans la partie du midi, est borné par ceux de l'Arriège et de l'Aude, par la mer Méditerranée et par les Monts-Pyrénées. Il est divisé en 3 arrondissem. de sous-préfectures, dont les chefs-lieux sont :

Perpignan, préfecture, tr. ass. ; à 89 myriamètres (227 lieues) de Paris. Population 15,357 habitans.

Céret, tr. — *Prades*, tr.

Ce département est fertile en vins et en pâturages ; on y exploite la houille, l'antimoine. Peu de contrées de la France possèdent autant de sources minérales ; sur les côtes, on met à profit les marais salans. Popul. 151,372 habitans. (Le Roussillon, la Cerdagne.)

66. Le département du *Bas-Rhin*, situé dans la partie du nord, est borné par le Rhin, par les départemens du Haut-Rhin, des Vosges, de la Meurthe et de la Moselle. Il est divisé en 4 arrondissemens de sous-préfectures, dont les chefs-lieux sont :

Strasbourg, ville très-forte, sur l'Ille, près du Rhin, préfecture, évêché, collége royal, tr. ass. ; à 46 myriamètres et demi (119 lieues) de Paris. Popul. 49,708 habitans.

Wissembourg, ville forte, tr. — *Saverne*, tr. — *Schellestadt*, tr.

Ce département produit du vin très-estimé, du chanvre, du tabac ; on y trouve des mines de plomb, de cuivre et d'argent. Populat. 535,467 habitans. (Partie de l'Alsace.)

67. Le département du *Haut-Rhin*, situé dans la partie du milieu, est borné par le département du Bas-Rhin, par le Rhin, la Suisse, les départemens du Doubs, de la Haute-Saône et des Vosges. Il est divisé en 3 arrondissemens de sous-préfectures, dont les chefs-lieux sont :

Colmar, préfecture, cour royale, collége royal, tr. ; à 48 myriamètres un quart (123 lieues) de Paris. Population 15,496 habitans.

Altkirch, tr. — *Béfort*, tr.

Ce département produit du fer, du vin, du blé et de la garance. Popul. 408,741 habit. (Partie de l'Alsace.)

68. Le département du *Rhône*, situé dans la partie du milieu, est borné par ceux de Saône-et-Loire, de l'Ain, de l'Isère et de la Loire. Il est divisé en 2 arrondissemens de sous-préfectures, dont les chefs-lieux sont :

Lyon, préfecture, archevêché, cour royale, collége royal, tr. ; à 46 myriam. (119 lieues) de Paris. Cette ville est la seconde de France, et l'une des principales places de commerce de l'Europe. Elle possède un grand nombre de beaux monumens. On y travaille l'or, l'argent et la soie d'une manière admirable. Populat. 167,404 habitans.

Villefranche, tr.

Ce département produit du blé, du vin et des fruits ; les manufactures de soieries y sont un grand objet de commerce. Population 416,675 habitans. (Lyonnais, Beaujolais.)

69. Le département de la *Haute-Saône*, situé dans la partie du milieu, est borné par ceux de la Haute-Marne, des Vosges, du Haut-Rhin, du Doubs, du Jura et de la Côte-d'Or. Il est divisé

en 3 arrondissemens de sous-préfectures , dont les chefs-lieux sont :

Vesoul, préfecture, tr. ass. ; à 35 myriamètres et demi (90 lieues) de Paris. Popul. 5,280 habitans.

Gray, tr. — *Lure*, tr.

Ce département produit du blé , du vin , des fruits, des légumes, des pâturages ; le sol recèle minerais de fer, houille, manganèse , salines, beau granit, grès meulier ; on y compte jusqu'à cent forges ou hauts fourneaux qui occupent environ 16,000 individus ; on y trouve aussi des eaux minérales ; il se fait un grand commerce par le port de Gray , de grains, sel , planches de sapins , bois de construction , merrein, etc. Populat. 338,900 habit. (Partie de la Franche-Comté.)

70. Le département de *Saône-et-Loire* , situé dans la partie du milieu , est borné par ceux de la Nièvre , de la Côte-d'Or, du Jura , de l'Ain , du Rhône, de la Loire et de l'Allier. Il est divisé en 5 arrondissemens de sous-préfectures , dont les chefs-lieux sont :

Macon , sur la Saône , préfecture , tr. ; à 40 myriamètres (102 lieues) de Paris. Cette ville mal bâtie a un quai magnifique où la Saône forme un canal d'environ demi-lieue de long ; on y remarque l'Hôtel-de-Ville, l'ancienne Cathédrale, le palais *Montrevel* et l'Arc-de-Triomphe bâti par les Romains. Popul. 10,965 habitans.

Autun , évêché, collége royal , tr. — *Chalons-sur-Saône* , tr. — *Charolles* , tr. — *Louhans* , tr.

Ce département produit tout ce qui est nécessaire à la vie, et surtout d'excellent vin. Population 515,706 habitans. (Partie de la Bourgogne.)

71. Le département de la *Sarthe*, situé dans la partie du milieu, est borné par ceux de la Mayenne, de l'Orne, d'Eure-et-Loir, de Loir-et-Cher, d'Indre-et-Loire et de Maine-et-Loire. Il est divisé en 4 arrondiss. de souspréfectures, dont les chefs-lieux sont:

Le Mans, préfecture, évêché, collége royal, tr. ass. ; à 21 myriamètres un quart (54 lieues) de Paris. Population 19,477 habitans.

Mamers, tr. — *Saint-Calais*, tr. — *La Flèche*, école royale militaire très-célèbre, tr.

Ce département produit du blé, du chanvre, des pâturages ; les volailles du Mans sont fort estimées. Pop, 446,519 habitans. (Partie de l'Anjou, le Maine.)

72. Le département de la *Seine*, situé dans la partie du nord, est enclavé dans celui de Seine-et-Oise. Il est divisé en 3 arrondissemens de souspréfectures, dont les chefs-lieux sont :

PARIS, Capitale de la France, siége du gouvernement, archevêché, préfecture, cour de cassation, Cour royale, cour d'assises, tr., colléges royaux. Cette Capitale renferme une foule d'édifices magnifiques, et ne le cède qu'à Rome en monumens. Placée à la tête de toutes les Capitales du monde, sous le rapport de sa magnificence, du nombre de ses édifices publics et de ses établissemens, cette cité peut encore figurer au même rang sous le rapport de l'industrie et du commerce. C'est aussi dans son sein que se font presque toutes les découvertes. Là les artistes aidés des savans trouvent au conservatoire des arts et métiers de grandes ressources.

Saint-Denis, tr. — *Sceaux*, tr.

Ce département fait un commerce considérable en tout genre ; les environs de Paris sont délicieux, et répondent à la magnificence de cette ville. Population du départ. 1,013,373 habit. (Partie de l'Isle de France.)

73. Le département de la *Seine-Inférieure,* situé dans la partie du nord, est borné par la mer, et par les départemens de la somme, de l'Oise et de l'Eure. Il est divisé en 5 arrondissemens de sous-préfectures ; dont les chefs-lieux sont :

Rouen, préfecture, archevêché, cour royale, collége royal, tr. ; à 13 myriamètres (35 lieues) de Paris. Cette ville est une des plus belles, des plus grandes et des plus commerçantes du Royaume ; elle possède de fort beaux édifices, de nombreuses fabriques et une bibliothèque publique de 70,000 volumes. Population 90,000 habitans.

Le Havre, port de mer, tr. — *Dieppe,* port de mer, tr. — *Yvetot,* tr. — *Neufchâtel,* tr.

Ce département fournit abondamment du blé, du lin, du colza, des pommes et des poires, dont on fait de fort bons cidres et poirés ; les fromages dits de Neufchâtel sont fort estimés ; le commerce y est très-considérable. Population 679,295 habitans. (Partie de la Normandie.)

74. Le département de *Seine-et-Marne,* situé dans la partie du nord, est borné par ceux de l'Oise, de la Marne, de l'Aube, de l'Yonne, du Loiret et de Seine-et-Oise. Il est divisé en 5 arrondissemens de sous-préfectures, dont les chefs-lieux sont :

Melun, sur la Seine, préfecture, tr. ass. ; à 4 myr. (11 lieues) de Paris. Pop. 7,199 hab.

Meaux, évêché, tr. — *Fontainebleau,* château royal, tr. — *Coulommiers,* tr. — *Provins,* tr. — *Juilly,* collége royal.

Ce département est fertile en blé , en pâturages , et même en vin d'une médiocre qualité ; ses
forêts approvisionnent Paris de bois et de charbon. Pop. 318,209 habitans. (La Brie et le Gâ-
tinais.)

75. Le département de *Seine-et-Oise* , situé
dans la partie du nord , est borné par ceux de
l'Oise , de Seine et-Marne , du Loiret , d'Eure-
et-Loir et de l'Eure ; il entoure de toutes parts
le département de la Seine , et est divisé en 6
arrondissemens de sous-préfectures , dont les
chefs-lieux sont :

Versailles , préfecture , évêché, collége royal,
tr. ass. ; à 2 myriamètres (5 lieues) de Paris.
Ce n'était d'abord qu'un village en 1627 ; mais
il est devenu une grande et belle ville , depuis
qu'en 1672 Louis XIV y fit bâtir par Mansard un
magnifique château, qui lui coûta 200 millions ,
sans y comprendre les jardins replantés par
Louis XVI. Pop. 29,791 habit.

Mantes , tr. — *Pontoise* , tr. — *Rambouillet* ,
tr. — *Corbeil* , tr. — *Etampes* , tr.

Ce département abonde en blé, grains, vin et
bois ; le château et le parc y attirent un grand
concours d'étrangers. Population 440,871 habit.
(Partie de l'Isle-de-France.)

76. Le département des *Deux-Sèvres* , situé
dans la partie du milieu , est borné par ceux de
Maine-et-Loire , de la Vienne , de la Charente,
de la Charente-Inférieure et de la Vendée. Il est
divisé en 4 arrondissemens de sous-préfectures ,
dont les chefs-lieux sont :

Niort , préfecture , collége royal , tr. ass. ; à
41 myriamètres et demi (106 lieues) de Paris.
Cette ville est assez grande et bien bâtie. On
remarque les places St.-Galais et Martial , une

église gothique, ouvrage des Anglais, surmontée d'une flèche légère de 45 toises d'élévation ; l'Hôtel-de-Ville, ancien palais d'Eléonore d'Aquitaine ; la belle fontaine du Viviers, dont les eaux jaillissent à plus de 30 mètres au-dessus de leur source. Population 15,799 habitans.

Melle, tr. — *Partenay*, tr. — *Bressuire*, tr.

Ce département produit du seigle, de l'avoine, des graines grasses, des fèves et du bois ; on y élève des bestiaux, et l'on y commerce en laine. Populat. 288,260 habitans. (Partie du Poitou.)

77. Le département de la *Somme*, situé dans la partie du nord, est borné par ceux du Pas-de-Calais, de l'Aisne, de l'Oise, de la Seine-Inférieure et par la mer. Il est divisé en 5 arrondissemens de sous-préfectures, dont les chefs-lieux sont :

Amiens, sur la somme, évêché, préfecture, cour royale, collége royal, tr. ; à 13 myriamètres (33 lieues) de Paris. On admire dans cette ville le Château-d'Eau, la Cathédrale, chef-d'œuvre d'architecture gothique, le plus parfait qui soit en France. Amiens sert d'entrepôt général au produit des manufactures nombreuses des environs, jusqu'aux confins du département du *Pas-de-Calais*. Pop. 42,032 hab.

Abbeville, tr. — *Doulens*, tr. — *Péronne*, tr. — *Montdidier*, tr.

Ce département produit du blé ; du chanvre, du lin, des légumes, du colza ; il s'y fait un grand commerce d'épiceries. Pop. 526,282 hab. (Partie de la Picardie.)

78. Le département du *Tarn*, situé dans la partie du midi, est borné par ceux de Tarn-et-Garonne, de l'Aveyron, de l'Hérault, de l'Aude et de la Haute-Garonne. Il est divisé en 4 arron-

dissemens de sous-préfectures , dont les chefs-lieux sont :

Alby , sur le Tarn, préfect. , archev., tr. ass.; à 65 myr. et demi (168 l.) de Paris. Pop. 10,993 habitans.

Castres , tr. — *Gaillac* , tr. — *Lavaur* , tr. — *Sorrèze* , collége royal.

Ce département est fertile en vins et en grains ; il produit du lin , du chanvre , du pastel , du safran ; on y fabrique des toiles , des futaines , des ratines , des flanelles et des tricots ; on remarque dans ce département *le Rocher Tremblant* , dont la masse de 360 pieds cubes , du poids d'environ 600 quintaux , est mise en mouvement par la force d'un seul homme ; il repose sur un rocher beaucoup plus gros , il porte sur le petit bout , et n'a d'autre appui qu'une ligne qui va de l'est à l'ouest. Popul. 327,657 habit. (Partie du Languedoc.)

79. Le département de *Tarn-et-Garonne* , situé dans la partie du midi, est borné par ceux de Lot-et-Garonne , du Lot , de l'Aveyron , du Tarn , de la Haute-Garonne et du Gers. Il est divisé en 3 arrondissemens de sous-préfectures , dont les chefs-lieux sont :

Montauban , évêché , préfecture , tr. ass. ; à 70 myriamètres deux tiers (170 lieues) de Paris. Pop. 25,466 habitans.

Moissac , tr. — *Castel-Sarrasin* , tr.

Ce département produit du blé et du vin. Pop. 240,586 habitans. (Partie du Languedoc.)

80. Le département du *Var*, situé dans la partie du midi , est borné par ceux des Bouches-du-Rhône , de Vaucluse , des Basses-Alpes , par le comté de Nice et par la mer Méditerranée. Il est divisé en 4 arrond. de sous-préfectures , dont les chefs-lieux sont :

Draguignan, préfecture , tr. ass. ; à 89 myriamètres (222 lieues) de Paris. Pop. 8,835 habit.

Toulon, port de mer , préfecture maritime ,
tr. — *Brignoles*, tr. — *Grasse*, tr. , renommée
par ses parfumeries. — *Fréjus*, évêché.

Ce département produit de bons vins , des fi-
gues , des olives , des oranges , des citrons , etc.
Popul. 314,695 habit. (Partie de la Provence.)

81. Le département de *Vaucluse*, situé dans
la partie du midi, est borné par ceux de la Drôme,
des Basses-Alpes, du Var, des Bouches-du-Rhône
et du Gard. Il est divisé en 4 arrondissem. de
sous-préfectures , dont les chefs-lieux sont :

Avignon, sur le Rhône, préfecture , archevêché , collége royal , tr. ; à 70 myriam. (168
lieues) de Paris. Cette ville est généralement
bien bâtie ; elle est situé dans une plaine charmante sur la rive gauche du Rhône ; elle possède
des quais superbe sur ce fleuve. On admire sa
cathédrale d'une belle architecture, l'ancien palais
des papes à cause de la solidité, de l'élévation de
ses tours et de son étendue ; ses remparts, les
plus beaux , et les mieux conservés de tout le
midi de la France. Pop. 31,180 habit.

Carpentras, tr. ass. — *Orange*, qui a de belles antiquités, tr. — *Apt*, tr. ; ville fort ancienne.

Ce département produit de bons vins ; on y
cultive les mûriers, les oliviers et la garance ; il
tire son nom de la fontaine de Vaucluse. Cette
fontaine jaillit d'un gouffre, dont on n'a jamais
pu constater la profondeur ; elle est à 6 lieues
Est d'Avignon. Pop. 233,038 habit. (Le comtat
Vénaissin , Orange.)

82. Le départ. de la *Vendée*, situé dans la partie
du milieu, est borné par ceux de la Loire-Infé-

rieure , de Maine-et-Loire , des Deux-Sèvres , de la Charente-Inférieure et par l'Océan. Il est divisé en 3 arr. de sous-préfect., dont les chefs-lieux sont :

Bourbon-Vendée , préfect., tr. ass. ; à 44 myr. (114 lieues) de Paris. Popul. 3904 habit.

Fontenay , tr. — *Les Sables-d'Olonnes* , tr.

Ce département produit du blé , on y élève des chevaux et des mulets. Population 317,539 habitans. (Partie du Poitou.)

83. Le département de la *Vienne* , situé dans la partie du milieu, est borné par ceux de Maine-et-Loire , d'Indre-et-Loire , de l'Indre , de la Haute-Vienne , de la Charente et des Deux-Sèvres. Il est divisé en 5 arrondissemens de sous-préfectures , dont les chefs-lieux sont :

Poitiers , préfecture , évêché , cour royale , collége royal , tr. ; à 34 myriamètres un tiers (88 lieues) de Paris. Cette ville est mal peuplée et tortueuse ; on remarque la promenade de *Guillon* , une des plus belles de France ; on retrouve encore les restes du palais Gorlier, d'un amphithéâtre ; une rue des arènes , et dans les environs les vestiges d'un aqueduc et un monument celtique , appelé la *Pierre-Levée*. Population 23,168 habitans.

Loudun , tr. — *Chatellerault* , tr. — *Montmorillon*, tr. — *Civray* , tr.

Ce département produit du bois , du blé , du vin , du lin , du chanvre , des fruits et du miel. Population 264,670 habit. (Partie du Poitou.)

84. Le département de la *Haute-Vienne*, situé dans la partie du milieu , est borné par ceux de la Vienne , de l'Indre , de la Creuze , de la Corrèze , de la Dordogne et de la Charente. Il est

divisé en 4 arrondissemens de sous-préfectures ,
dont les chefs-lieux sont :

Limoges , sur la Vienne, préfecture , évêché,
cour royale , collége royal , tr. ; à 38 myriamètres (97 lieues) de Paris. Ses rues sont étroites ,
tortueuses , scarpées, mais très-propres ; sa cathédrale, bel édifice gothique , renferme un jubé
digne d'attention par ses curiosités et le choix bi-
zarre des desseins. Population 30,000 habitans.

Belliac , tr. — *Saint-Yrieix* , tr. — *Roche-
chouart* , tr.

Ce département produit du seigle, de l'avoine,
des châtaignes, du bois et des pâturages ; on y
élève des chevaux estimés ; il y a une mine d'é-
tain , la seule que l'on connaisse en France ,
d'autres mines et des carrières abondantes. Industrie très-active , porcelaine , bois de marine.
Populat. 276,351 habit. (Partie du Poitou et du
Limousin.)

85. Le départ. des *Vosges* , situé dans la partie
du milieu, est borné par ceux de la Meuse , de la
Meurthe , du Bas-Rhin , du Haut-Rhin , de la
Haute-Saône et de la Haute-Marne. Il est divisé en 5 arrond. de sous-préfect. , dont les chefs-
lieux sont :

Epinal , préfecture , collége royal , tr. ass. ; à
38 myriam. un quart (98 lieues) de Paris. Cette
ville est entourée de promenades délicieuses , et
dominée par les ruines d'un antique château.
Pop. 8,676 hab.

Neufchâteau , tr. — *Mirecourt* , tr. — *Saint-
Dié* , tr. — *Remiremont* , tr.

Ce département produit du blé et du vin ; il
a des mines abondantes, sources thermales, forges, verreries, papeteries, commerce de grains ;
liqueurs , instrumens de musique , bouteilles ,

ouvrages en fer et en bois. Popul. 379,839 habitans. (Partie de la Lorraine , des Trois-Evêchés.)

86. Le département de l'*Yonne* , situé dans la partie du milieu , est borné par ceux de Seine-et-Marne , de l'Aube , de la Côte-d'Or , de la Nièvre et du Loiret. Il est divisé en 5 arrondissemens de sous-préfectures , dont les chefs-lieux sont :

Auxerre , préfecture, tr. ass. ; à 16 myriamètres (43 lieues) de Paris. On remarque dans cette ville les églises gothiques de Saint-Pierre et de l'abbaye Saint-Germain ; la cathédrale se distingue par la grandeur et l'élévation de sa nef, et par ses vitraux curieux et chargés de peintures ; on trouve dans des fouilles beaucoup d'antiquités. Pop. 12,065 habit.

Sens , tr. — *Joigny* , tr. — *Tonnerre* , tr. — *Avallon* , tr.

Ce département est fertile en blé, avoine, chanvre et bois ; il produit d'excellent vin. Populat. 341,816 hab. (Partie de la Bourgogne.)

DÉPARTEMENS COMPARÉS AUX ANCIENNES PROVINCES.

D. Quels départemens se trouvent compris dans *la Flandre?* 1.

R. Le département du Nord.

Artois? 2.

Pas-de-Calais.

Picardie? 3.

Somme.

Normandie? 4.

Seine-inférieure , Calvados , Manche , Orne , Eure.

Isle-de-France ? 5.

Oise, Aisne, Seine-et-Oise, Seine, Seine-et-Marne.

Champagne ? 6.

Ardennes, Marne, Aube, Haute-Marne.

Lorraine ? 7.

Meuse, Moselle, Meurthe, Vosges.

Alsace ? 8.

Bas-Rhin, Haut-Rhin.

Bretagne ? 9.

Ille-et-Vilaine, Côtes-du-Nord, Finistère, Morbihan, Loire-Inférieure.

Maine ? 10.

Mayenne, Sarthe.

Anjou ? 11.

Maine-et-Loire.

Touraine ? 12.

Indre-et-Loire.

Orléanais ? 13.

Eure-et-Loir, Loiret, Loir-et-Cher.

Berri ? 14.

Indre, Cher.

Nivernais ? 15.

Nièvre.

Bourgogne ? 16.

Yonne, Côte-d'Or, Saône-et-Loire, Ain.

Franche-Comté ? 17.

Haute-Saône, Doubs, Jura.

Poitou ? 18.

Vendée, Deux-Sèvres, Vienne.

Limousin ? 19.

Haute-Vienne, Corrèze.

Marche ? 20.

Creuse.

Bourbonnais ? 21.

Allier.

Aunis, *Saintonge* et *Angoumois* **?** 22 et 23.
Charente-Inférieure, Charente.

Auvergne ? 24.
Puy-de-Dôme, Cantal.

Lyonnais ? 25.
Loire, Rhône.

Dauphiné ? 26.
Isère, Drôme, Hautes-Alpes.

Guyenne et *Gascogne* ? 27.
Gironde, Dordogne, Lot-et-Garonne, Tarn-et-Garonne, Lot, Aveyron, Landes, Gers, Hautes-Pyrénées.

Béarn ? 28.
Basses-Pyrénées.

Languedoc ? 29.
Haute-Loire, Lozère, Ardèche, Gard, Hérault, Aude, Haute-Garonne, Tarn.

Comté de Foix ? 30.
Arriège.

Roussillon ? 31.
Pyrénées-Orientales.

Provence et *Comtat Venaissin* ? 32.
Vaucluse, Basses-Alpes, Bouches-du-Rhône, Var.

Corse ?
Corse.

ARTICLE DEUXIEME.

DE L'ITATIE.

D. Qu'est-ce que l'Italie ?

R. L'Italie est une grande Presqu'île qui a la forme d'une botte, dont la partie supérieure contient la Lombardie ; le milieu, la Toscane et l'état de l'Eglise ; le royaume de Naples occupe le bas de la jambe. L'Italie est un des pays les plus beaux et les plus fertiles de l'Europe.

D. Quelles sont les bornes de l'Italie ?

R. L'Italie est bornée au nord et à l'ouest par les Alpes , et de tous les autres côtés par la mer Méditerranée.

D. Comment divise-t-on l'Italie ?

R. On divise l'Italie en partie septentrionale et en partie méridionale.

D. Que contient la partie septentrionale ?

R. La partie septentrionale contient : 1.º les états du roi de Sardaigne en Italie ; 2.º ceux de l'empereur d'Autriche, ou le royaume Lombard-Vénitien ; 3.º le duché de Parme et de Plaisance ; 4.º le grand-duché de Toscane ; 5.º le duché de Modène ; 6.º les états de l'église.

D. Que contient la partie méridionale ?

R. Elle ne renferme que le royaume de Naples qui, réuni à la Sicile, s'appelle royaume des Deux-Siciles.

D. Quelles sont les principales rivières de l'Italie ?

R. Le Pô, qui prend sa source au mont Viso, passe à Turin , à Casal , à Plaisance , à Crémone, et se rend dans le golfe de Venise par plusieurs embouchures ; l'Adige, qui a son embouchure dans le même golfe ; l'Adda et le Tésin, qui se jettent dans le Pô ; l'Arno et le Tibre , qui se jettent dans la Méditerranée.

PARTIE SEPTENTRIONALE.

ÉTATS DU ROI DE SARDAIGNE.

D. En quoi consistent les états du roi de Sardaigne en Italie ?

R. Les états du roi de Sardaigne en Italie sont : 1.º la Savoie , 2.º le comté de Nice , 3.º le Piémont , 4.º l'état de Gênes.

Savoie.

D. Qu'est-ce que la Savoie ?

R. La Savoie est un duché qui est borné à l'occident par la France , au nord par la Suisse , à l'orient par le Tésin et le Pô , au sud par l'état de Gênes. Les Français s'en étaient emparés et en avaient fait un département , sous le nom de Mont-Blanc; mais elle a été rendue au roi de Sardaigne en 1815.

D. Quelles sont les principales villes de la Savoie ?

R. *Chambéry* , capitale , év. ; à 132 lieues de Paris. Pop. 11,768 hab. — *Annecy* , ville épiscopale. — *Saint-Jean-de-Maurienne* , petite ville. — *Moutiers.*

D. Quelles sont les productions de la Savoie ?

R. Ce pays est peu fertile , excepté en quelques endroits où l'on récueille du blé et du vin.

Comté de Nice.

D. Où est situé le comté de Nice ?

R. Il est situé entre le Piémont , la Méditerranée et la France. Il a formé un département français , sous le nom d'Alpes-Maritimes , et a été rendu au roi de Sardaigne en 1814.

D. Quelles sont les principales villes du comté de Nice ?

R. *Nice* , qui en est la capitale , et qui est situé sur la pente d'un rocher , au-dessus duquel est la citadelle ; à 186 l. de Paris. Pop. près de 20,000 hab. — *Puget-Théniers* , petite ville , ou plutôt gros bourg. — *Monaco* , qui est enclavé dans le

comté, mais qui en est indépendant, et qui a
son prince particulier.

Piémont.

D. Qu'est-ce que le Piémont?

R. Le Piémont est une principauté ainsi nommée, parce qu'elle est au pied des monts ou des
Alpes, qui la séparent de la France et de la Savoie. Le fils aîné du roi de Sardaigne portait anciennement le nom de Prince de Piémont, depuis il a porté celui de duc de Savoie.

D. Quelle est l'étendue du Piémont?

R. Le Piémont a environ soixante-dix lieues
du nord au sud, et trente-six de l'est à l'ouest.

D. Comment divise-t-on le Piémont?

R. Il est divisé en *Piémont propre*, dans le milieu; duché d'*Aoste*, au nord; seigneurie de
Verceil, à l'orient; et marquisat de *Saluces*, à
l'occident. Le duché de Montferrat fait aussi partie du Piémont, qui a été réuni à la France quelques années, et formait alors cinq départemens.
Il a été restitué au roi de Sardaigne en 1814.

D. Quelles sont les productions du Piémont?

R. Le Piémont, quoique montagneux en plusieurs endroits, est fort peuplé et fertile en vins,
en blé et en fruits.

D. Quelles sont les principales villes du Piémont?

R. *Ivrée*, sur la Doire. Popul. 7,794 hab. —
Aoste, capitale du duché de ce nom. — *Chivas*,
ville forte, sur le Pô. — *Verceil*, capitale de la
seigneurie de ce nom. Populat. 15,870 habit. —
Bielle, au nord-ouest de Verceil. — *Santhia*,
petite ville. — *Turin*, capitale de tout le Piémont, sur le Pô, ville fortifiée. Elle est belle et
régulière; à 186 l. de Paris. — Pop. 65,000 hab.

—*Suze*, marquisat, et ville du même nom, sur la Doria. — *Pignerol*, petite ville épiscopale. — *Alexandrie*, sur le Tanaro, place forte. Pop. 30,000 habit. Le village de Marengo est à deux lieues et demi E. S. E. de cette ville. — *Asti*, ville forte et ancienne. Populat. 18,000 hab. — *Céva*, ville forte, sur le Tanaro. — *Casal*, capitale du Mont-Ferrat ; près de 14,000 habitans. — *Acqui*, petite ville épiscopale, sur la Bormida. — *Coni*, belle ville, bien fortifiée, sur une montagne. — Pop. 16,724 hab. — *Alba*, petite ville sur le Tanaro. — *Mondovi*, popul. 15,000 habitans. — *Saluces*, capitale du marquisat de ce nom. — *Bobbio*, avec titre de comté. — *Novi*, petite ville épiscopale. — *Tortone*, ville assez forte, avec un beau château. — *Voghera*, ville fortifiée.

État de Gênes.

D. Qu'est-ce que l'état de Gênes ?

R. L'état de Gênes était une ancienne république qui a formé, pendant plusieurs années, trois départemens français, et a été réunie, par l'acte de congrès de Vienne, du 9 juin 1815, aux états du roi de Sardaigne.

D. Quelles sont les productions de l'état de Gênes ?

R. Ce pays, quoique plein de montagnes, ne laisse pas d'être fertile et de produire d'excellens vins, de très-bons fruits, et surtout quantité d'olives.

D. Quelles sont les principales villes de l'état de Gênes ?

R. *Gênes*, capitale, grande et belle ville, qui s'élève en amphithéâtre sur le bord de la mer. On la nomme *Gênes la superbe* ; à 185 l. de Paris.

opul. 75,800 hab. — *Savone* , grande ville , à
'occident de Gênes, peuplée et fort marchande.
'op. 10,600 hab. — *San-Remo*, petite ville. —
Port-Maurice , petite ville , sur une éminence ,
vec un port. — *Chiavari* , petite ville remar-
uable par ses foires. Pop. 7,960 h. — *Sarzana* ,
ille forte et épiscopale, sur la Magra. — *Spezia*,
etite ville qui donne son nom à un golfe.

ÉTAT DE PARME.

D. Quelles sont les limites de l'état de Parme ?

R. L'état de Parme est borné : au midi, par l'é-
at de Gênes ; au nord , par le Pô ; à l'orient ,
ar le Modénois ; à l'occident , par le Piémont.

D. Comment se divise l'état de Parme ?

R. Il se divise : 1.° en duché de *Parme* , à l'o-
ient ; 2.° duché de *Plaisance* , à l'occident ;
.° marquisat de *Busseto* , au nord ; 4.° duché de
Guastalla , au nord-est.

D. A qui appartient ce duché ?

R. Ce duché , après avoir formé un départe-
ent français, sous le nom de *Taro*, a été déta-
hé de la France en 1814, et donné , par l'acte
u congrès de Vienne , à son Altesse Impériale
Marie-Louise , fille aînée de S. M. l'empereur
'Autriche et femme de Napoléon.

D. Quelles sont les productions du duché de
'arme ?

R. Ce duché est fertile en blé , en vins, en
xcellens pâturages , en bestiaux et en soie.

D. Nommez-en les principales villes.

R. *Parme* , capitale de tout le duché , sur le
'arma , grande et belle ville , à 190 l. de Paris.
'op. 28,000 hab. — *Plaisance*, au confluent du
'ô et de la Trébia , ville bien bâtie , plus grande,

mais moins peuplée que Parme. — *Borgosan-Donino*, petite ville. — *Busseto*, capitale du marquisat de ce nom. — *Guastalla*, capitale du duché de ce nom.

GRAND-DUCHÉ DE TOSCANE.

D. Où est situé le grand-duché de Toscane?

R. Il est situé entre la Méditerranée et l'état de l'Eglise.

D. Comment est-il divisé?

R. En trois Provinces : 1.º le Florentin ; 2.º le Pisan ; 3.º le Siennois.

D. A qui appartient le grand-duché de Toscane?

R. Il formait dans ces dernières années trois départemens français. Détaché de la France en 1814, il a été rendu, par l'acte du congrès de Vienne, à S. A. I. l'archiduc Ferdinand d'Autriche, auquel a succédé, le 18 juin 1824, Léopold II.

D. Quelles sont les productions de la Toscane?

R. La Toscane est une des plus belles et des plus fertiles contrées de l'Italie. On y trouve des carrières de beau marbre, des mines d'alun et même d'argent.

D. Quelles sont les principales villes du grand-duché de Toscane?

R. *Florence*, capitale du grand-duché, sur l'Arno ; on la surnomme *la Belle* ; à 218 lieues de Paris. Populat. 80,000 hab. — C'est la ville d'Italie où l'on parle le plus purement la langue italienne. — *Pistoie*, ville située au pied de l'Appenin. — *Arezzo*, ville bâtie sur une petite éminence, dans une plaine agréable et fertile. Pop. 8,000 hab. — *Livourne*, grande et belle ville, port célèbre qui attire beaucoup d'étrangers. Pop.

50,000 habit. — *Pise*, capitale du Pisan, sur l'Arno ; son port est situé à trois milles, ou une lieue, de l'embouchure de ce fleuve. Pop. 12,000 habit. — *Volterra*, au sud-ouest de Livourne, sur une montagne. — *Sienne*, capitale du Siennois, pop. 17,000 hab. — *Montepulciano*, petite ville épiscopale. — *Grosseto*, petite ville épiscopale, à deux lieues de la mer. — *Pontremoli*, ville forte, aux confins de l'état de Gênes.

D. Quelles sont les autres possessions du grand-duc de Toscane ?

R. L'île d'Elbe et la principauté de Piombino.

D. Le pays, ou ci-devant république de Lucques, n'appartient-il pas au grand-duc de Toscane ?

R. En 1817, le territoire de cette république, avec la ville de son nom, a été cédé par l'empereur d'Autriche à titre de duché, à l'infante d'Espagne Marie-Louise, ci-devant reine d'Etrurie, en indemnité de l'état de Parme, Plaisance et Guastalla.

ÉTAT DE L'ÉGLISE.

D. Qu'est-ce que l'état de l'église ?

R. C'est une partie de l'Italie, bornée : au nord, par le Modénois ; au nord-est, par le golfe de Venise ; à l'orient, par le royaume de Naples ; au midi, par la Méditerranée.

D. Pourquoi l'appelle-t-on état de l'Eglise ?

R. Parce que c'est le Pape qui en est le souverain. Cet état, dont le Pape avait été dépouillé, était dans ces dernières années réuni partie à la France, partie au royaume d'Italie ; mais il a été rendu en 1814 à son souverain légitime.

D. Comment se divise l'état de l'Eglise ?

R. Il se divise en onze provinces, qui sont du midi au nordouest : la *Campagne de Rome*, le *Patrimoine de Saint-Pierre*, l'*Orvietan*, la *Terre de Sabine*, le *Pérugin*, l'*Ombrie*, la *Marche d'Ancône*, le duché d'*Urbin*, la *Romagne*, le *Bolonais* et le *Ferrarais*.

D. Quelles sont les principales villes de l'état de l'Eglise ?

R. *Rome*, sur le Tibre, capitale. Population 144,242 habitans. Elle est surnommée *la Sainte*, parce qu'elle est le centre de l'Eglise catholique, et qu'un grand nombre de martyrs y sont morts pour la foi. C'était la capitale de l'ancin empire romain. De magnifiques restes d'antiquités attestent son ancienne splendeur. On y admire surtout l'église de Saint-Pierre, la plus grande et la plus belle du monde ; à 327 lieues de Paris. — *Velletri*, ville agréable. Pop. 9,500 hab. — *Viterbe*, grande et belle ville, au pied d'une montagne. — *Tivoli*, ville médiocre sur une montagne. — *Rieti*, évêché, sur le Vélino. — *Spolette*, capitale de l'Ombrie, ville ancienne. — *Foligno*, évêché, au bord du Topino. — *Perouse*, sur le Tibre, capitale du Pérugin. — *Fermo*, archevêché, près du golfe de Venise. — *Ancône*, port, sur le golfe de Venise. Pop. 17,330 hab. — *Urbin*, archevêché, capitale du duché du même nom, sur une montagne. Patrie du fameux peintre Raphaël. — *Pezaro*, ville forte et épiscopale, sur une hauteur, avec un port sur le golfe de Venise. — *Sinigaglia*, ville épiscopale, et port de mer. — *Ravenne*, *Comachio*. La première, ville ancienne, qui a 14,000 hab. ; la seconde est située dans des marais salés. — *Ferrare*, grande et belle ville. Popul. 24,000 hab. — *Bologne*, l'une des plus belles villes de l'Italie ; elle

elle a 64,000 hab. — Forli, ville épiscopale : pop. 9 à 10,000 hab. — Bénévent est enclavé dans le royaume de Naples.

DUCHÉ DE MODÈNE.

D. Où est situé le duché de Modène ?

R. Il est à l'est du duché de Parme.

D. Quelles provinces renferme ce duché ?

R. Il renferme les duchés de *Modène* et de *Reggio*, celui de *Mirandole*, ainsi que la principauté de *Massa* et de *Carrara*.

D. Quelles sont les principales villes du duché de Modène ?

R. Modène, *capitale* de tout le duché, et *év.*, située dans la plaine et sur un canal, entre le Panaro et la Secchia. — La Mirandole, au nord de Modène. — Reggio, *capitale* du duché de ce nom : pop. 14,000 hab.

ROYAUME LOMBARD-VÉNITIEN

ou ÉTATS EN ITALIE DE L'EMPEREUR D'AUTRICHE.

D. En quoi consistent les possessions italiennes de l'empereur d'Autriche ?

R. Elles consistent, dans l'état de Venise, les duchés de Milan et de Mantoue.

État de Venise.

D. Qu'est-ce que l'état de Venise ?

R. Venise était la plus ancienne république de l'Europe. Elle fut cédée par le traité de Lunéville à l'empereur d'Autriche, fit depuis partie du royaume d'Italie, fondé par les Français, et a été rendue à l'empereur d'Autriche, par l'acte du congrès de Vienne.

D. Quelles étaient les limites de l'état de Venise ?

R. Ces limites étaient, au nord, le Trentin et le Tyrol, qui appartiennent à l'empereur d'Autriche; à l'orient, le golfe de Venise; au midi, les duchés de Ferrare et de Mantoue; à l'occident, le Milanais, ou le duché de Milan.

D. Quelles sont les productions de l'état de Venise ?

R. Les blés, les pâturages et les fruits de toute espèce y abondent ; on y trouve des bois de construction et des eaux minérales.

D. Quelles en sont les principales villes ?

R. Venise, *capitale*, une des plus peuplées et des plus marchandes de l'Europe : pop. 180,000 hab. On la surnomme *la Riche*. Elle est bâtie sur soixante-douze îles ou lacunes, qui communiquent les unes avec les autres, au moyen d'un grand nombre de ponts ; c'était la capitale d'une république ancienne, puissante et célèbre, qui subsistait depuis douze siècles; à 245 l. de Paris. — Chiozza, jolie ville épiscopale, qui est au milieu des eaux, comme Venise. — Adria, *ville ancienne* et presque ruinée, sur le Tartaro. — Vicence, *place forte*, ville grande et peuplée de 24,600 hab. — Schic, Bassano, Asiago, petites villes. — Trevise, sur une petite rivière, *év.* : pop. 10,000 habit. — Conégliano, Ceneda, Pordenone, Spilenberg, La Pieve de Cadore, Feltre, petites villes. Padoue, *ville ancienne, év., place forte*, sur la Brenta et le Bachiglione, patrie de Tite-Live, a 31,457 habit. — Este, Piave, Campo-San-Piero, petites villes, dont la première a donné son nom à l'illustre maison de Modène. — Udine, *capitale* du Frioul, entre le Tagliamento et Lizonzo. Auprès de cette ville est le village de Campo-Formio, célèbre par le traité de 1797 entre la France et l'Allemagne. — GRADISCA, *place forte*, sur le Lizonzo. — BELLUNE, petite ville épiscopale. — BRESCIA, *place forte* ; elle a 34,000 hab. — CRÊME, *place forte*, sur le *Serio*. — VERONE, *ville ancienne*, sur l'Adige ; elle renferme 41,000 hab.

Duché de Milan.

D. Comment divise-t-on le duché de Milan ?

R. On divise le duché de Milan en six parties : le Milanais propre, le Comase, le comté d'Anghiéra, le Pavesan, le Lodesan, et le Crémonais.

D. Nommez les principales villes du duché de Milan.

R. Les principales villes sont :

NOVARE, *ville forte et ancienne*, peuplée de 7,258 habitans. — VIGEVANO, sur le Tésin, *év.* — DOMO-d'OSSOLA, au pied des Alpes, sur un torrent. — VARALLO, dans la vallée et sur la rivière de Sesia. — ARONA, au bord du lac Majeur, avec un château où naquit S. Charles Borromée. — CÔME, *ville ancienne* et épiscopale, sur le lac de ce nom, et dans une plaine entourée de montagnes ; elle compte 7,230 hab. — FONDRIO, sur l'Adda : elle a 5,000 habit. — CHIAVENNA, belle ville, sur la Maira. — MILAN, très-belle ville, *capitale* de tout le duché ; à 160 l. de Paris : sa population est de 160,000 hab. Elle a quatre lieues de tour. Son château passe pour l'un des plus forts de l'Italie. — BERGAME, *place forte*, a 19,000 habit. — PAVIE, *ville ancienne*, sur le Tésin, avec une célèbre université fondée par Charlemagne ; 30,000 hab. — MONZA, avec un beau château, sur le Lambro. — CRÉMONE, *ancienne, forte ville*, et *év.* : popul. 23,000 hab. — LODI, sur l'Adda, célèbre par une victoire des Français en 1797.

Duché de Mantoue.

D. Qu'est-ce que le duché de Mantoue?

R. Le duché de Mantoue ou le Mantouant est un pays situé au nord du Modénois, et fertile en blés, en pâturages, en fruits et en vins excellens.

D. Quelles en sont les principales villes?

R. Mantoue, *place forte*, située au milieu d'un lac qui forme la rivière de *Mincio.* Elle a près de 30,000 habitans. C'est dans un village auprès de cette ville que naquit Virgile. — Revero, *ville forte*, sur le Pô.

PARTIE MÉRIDIONALE.

Royaume de Naples.

D. Qu'est-ce que le royaume de Naples?

R. Le royaume de Naples, situé à l'extrémité inférieure de l'Italie, est un pays que son extrême fertilité a fait nommer le *Paradis de l'Italie.*

D. Quelles sont les bornes du royaume de Naples?

R. Ce royaume est borné au nord-ouest par l'état de l'Eglise, et de tous les autres côtés par la mer.

D. Comment se divise le royaume de Naples?

R. On partage ce pays en quatre grandes provinces, dont chacune se subdivise en trois.

Les quatre premières sont:

1. La Terre de Labour, au sud. — 2. L'Abruzze. — 3. La Pouille, au nord, sur le golfe de Venise. — 4. La Calabre, au sud-est.

D. Quelles sont les principales villes de la Terre de Labour?

R. Naples, *archev.*, *port*, *capitale* de tout le royaume et de la Terre de Labour propre, sur la côte occidentale de l'Italie ; c'est une des villes les plus grandes, les plus riches et les plus peuplées de l'Europe, et l'une des plus belles du monde ; les rues en sont droites, larges, bien bâties ; on y voit des palais en grand nombre : pop. 412,000 hab. Auprès de cette ville est le mont Vésuve, volcan redoutable qui vomit de temps en temps des flammes et des cendres, qui rejette des torrens de lave brûlante et d'eau bouillante. Au pied de cette montagne, on a découvert les villes antiques d'*Herculanum*, de *Pompéia* et de *Stabia*, qui avaient été englouties par les laves et les cendres du Vesuve, l'an 63 de Jesus-Christ ; à 384 l. de Paris. — Capoue, *archev.*, *place forte*, à une demi-lieue de l'ancienne. — Bénévent, *arch.* de la principauté ultérieure, aujourd'hui au Pape. — Conza, *archev.*, sur l'Offanto, rivière. — Salerne, *archev.*, et ville considérable sur le bord de la mer, au fond d'un golfe du même nom, avec le titre de principauté. Elle avait autrefois une université et une fameuse école de médecine. — Amalfi, *ville ancienne*, chef-lieu d'une principauté, sur le golfe de Salerne, et d'un *archev.*

D. Quelles sont les principales rivières de l'Abruzze ?

R. Molise, dans le comté de Molise, qui fait partie de l'Abruzze. — Chietti, Lanciano, *archev.*, dans l'Abruzze citérieure. — Aquila, *év.*, dans l'Abruzze ultérieure.

D. Quelles sont les principales villes de la Pouille ?

R. Manfredonia, *archev.*, dans la Capitanate, qui fait partie de la Pouille. — Trani, Bari, *archev.* dans la terre de Bari, aussi de la Pouille. Brindisi, Otrante, Tarente, Matera, *archev.*, dans la terre d'Otrante, qui est la troisième partie de la Pouille.

D. Quelles sont les villes principales de la Calabre ?

R. Cirenza, *archev.*, dans la Basilicate, qui fait partie de la Calabre. — Rossano, Cosenza, *archev.*, dans la Calabre citérieure. — San-Severina, Reggio, *arch.*, dans la Calabre ultérieure

Des principales îles d'Italie.

D. Quelles sont les principales îles d'Italie ?

R. Elles sont au nombre de quatre, savoir :

1. La Sicile, qui se divise en trois parties ou vallées. — 2. Malte, au midi de la Sicile. — 3. La Sardaigne, qu'on partage en deux caps. — 4. La Corse, au nord de celle de Sardaigne, et qui, comme il a été dit, forme un département de la France.

Ile de Sicile.

D. Où est située la Sicile, et quelle est sa forme ?

R. La Sicile est située au sud-ouest du royaume de Naples, dont elle est séparée par un détroit, nommé détroit de *Messine*. Sa forme est triangulaire, et chaque angle est un cap.

D. Quelles sont les villes principales de la Sicile ?

R. Messine, *archev.*, avec un port dans la vallée de Démona, qui est une des trois parties de la Sicile. En 1783, cette ville fut ruinée par un tremblement de terre. — Syracuse, *év.* — Noto, dans la vallée de Noto. — Palerme, *archev.*, capitale de toute la Sicile : pop. 130,000 habit. — Montréal, *archev.* — Mazara, *év.*, qui donne son nom à la vallée : dans la vallée de Mazara.

D. Qu'y a-t-il de remarquable dans la Sicile?

R. On remarque, au sud-ouest de Messine, le mont Gibel, appelé aussi mont Etna, beaucoup plus considérable que le mont Vésuve, et qui, comme lui, vomit des flammes et des laves brûlantes.

Ile de Malte.

D. Qu'est-ce que l'île de Malte?

R. L'île de Malte est un rocher fortifié et presque stérile, qui ne produit que quelques fruits et des oranges délicieuses. Elle est située au midi de la Sicile.

D. Quelle est la capitale de cette île?

R. MALTE, *év.* Cette île a appartenu aux chevaliers de Malte, appelés autrefois de Saint-Jean-de-Jérusalem; elle leur appartint jusqu'en 1798. Elle est divisée en trois parties, 1º la Cité-Valette, 2º la Cité-Victorieuse, 3º l'île de Saint-Michel. Les Français s'en rendirent maîtres en 1798, et les Anglais en 1804. Ceux-ci la possèdent aujourd'hui en vertu des derniers traités.

Ile de Sardaigne.

D. Qu'est-ce que la Sardaigne?

R. La Sardaigne est une grande île qui a le titre de royaume, et dont l'air est très-malsain, le sol assez fertile, et le peuple fort grossier. Elle est à l'occident de l'Italie et au sud de la Corse, dont elle n'est séparée que par un détroit de trois lieues, nommé *Bonifacio*.

D. Quelles en sont les principales villes?

R. CAGLIARI, *archev.*, *capitale* de l'île et de la partie nommée *cap de Cagliari*, et du royaume de Sardaigne. — Oristagni, *archev.*, dans une plaine, près de la mer. — Sassari, *archev.*, dans la partie du nord, nommé *Cap-Lucodori*.

Pour l'île de Corse, *voyez* l'article *France*.

ARTICLE TROISIEME.

Iles Ioniennes.

D. Qu'est-ce que les îles Ioniennes?

R. Ce sont sept îles de différentes grandeurs, situées le long des côtes dans la mer Ionienne.

D. Dites les noms de ces sept îles?

R. 1° Corfou, près de l'entrée du golfe de Venise; 2° Laxo, à quatre lieues de Corfou; 3° Sainte-Maure, très-voisine du continent; 4° Theachi, au sud de Sainte-Maure; 5° Céphalonie, la plus grande de ces îles, au sud de Theachi; 6° Zante, séparée de Céphalonie par un canal de quatre lieues; 7° Cérigo, à une grande distance de Zante, au sud de la Morée, grande presqu'île qui appartient à la Turquie. Ces sept îles forment aujourd'hui une république, sous la protection de l'Angleterre, qui tient garnison à Corfou.

ARTICLE QUATRIEME.

DE LA GRÈCE,

autrefois Turquie Méridionale:

D. Qu'est-ce que la Grèce?

R. La Grèce est une grande presqu'île qu'on divise en Terre-Ferme et en Iles. Elle jouit d'un beau ciel, d'un climat doux et d'un air pur; son sol est naturellement fertile, mais mal cultivé par suite de la lutte sanglante et héroïque qu'elle a été obligée de soutenir et qui l'a enfin arrachée au joug des Turcs qui l'occupaient depuis trois siècles.

D. Quel est le gouvernement de la Grèce?

R. Son gouvernement est monarchique et représentatif.

D. Comment le nouvel état grec s'est-il formé?

R. Les Grecs secouèrent en 1820 le joug des Turcs, et pendant sept ans ils ont soutenus contre eux des guerres sanglantes. Le concours de la Russie, de l'Angleterre et surtout l'intervention armée de la France ont enfin assuré leur indépendance, et en 1833, Othon, fils du Roi de Bavière, leur a été donné pour roi.

D. Comment divise-t-on la Grèce?

R. En trois parties, savoir: la Livadie, la Morée, et les isles de l'Archipel.

D. Quelles sont les principales villes de la Grèce?

R. Ce sont Lépante, qui donne son nom au golfe dans lequel don Juan d'Autriche, remporta en 1571, une célèbre victoire sur la flotte turque. — Missolonchi, célèbre par la défense héroïque des grecs en 1826. — Livadia, qui a donné son nom à la province. — Athènes, qui fut la patrie des lettres et des arts; et dans laquelle on admire les précieux restes de son ancienne splendeur. — Corinthe et Argos, jadis si florissantes, et qui ne sont maintenant que des bourgs. — Tripolita, bâtie sur les ruines de Mantinée. — Napoli-de-Romanie, *place très-forte, port.* — Misithra, près de l'ancienne Sparte. — Navarin, célèbre par la victoire que les flottes combinées de la France, de l'Angleterre et de la Russie, y remportèrent sur les Turcs et les Egyptiens. — Coron et Modon, places fortes. — Patras.

D. Quelles sont les îles qui dépendent de la Grèce ?

R. Négrepont, très-fertile et séparée de la Livadie, par un détroit si resserré, qu'un pont la joint à la terre ferme, elle a une ville de son nom, place forte. — Samos, patrie de Pythagore. — Pathmos, roche stérile, où S. Jean écrivit son Apocalypse. — Hydra. — Salamis. — Andros. — Tine. — Mycone. — Naxos, surnommée la reine des Cyclades. — Paros, renommée par son marbre. — Antiparos, célèbre par sa grotte où l'on voit les plus belles stalactites qu'il y ait au monde. — Santorin.

ARTICLE CINQUIEME.

DE L'ESPAGNE.

D. Qu'est-ce que l'Espagne ?

R. L'Espagne est un grand pays, borné au nord-est par les Pyrénées, qui la séparent de la France ; à l'orient et au midi par la Méditerranée ; à l'occident par le Portugal, et au nord-ouest par l'Océan. L'air y est chaud, mais pur ; le sol serait fertile s'il était bien cultivé. L'Espagne produit des vins délicieux, de belles laines, de la soie et des chevaux.

D. Quel est le gouvernement de l'Espagne ?

R. Le gouvernement est monarchique et représentatif, et le roi porte le titre de *catholique*.

D. Comment divise-t-on l'Espagne ?

R. L'Espagne se divise en treize provinces, qui ont presque toutes le titre de royaume.

Trois au nord, sur l'Océan.

1. La Biscaye, montueuse et peu fertile. — 2. Les Asturies, pleines de montagnes et de forêts. — 3. La Galice, autrefois royaume.

Une au sud-est, aussi sur l'Océan.

L'Andalousie, célèbre par ses chevaux.

Quatre du sud au nord-ouest, sur la Méditerranée.

1. Royaume de Grenade, pays fertile. — 2.
Royaume de Murcie, riche en fruits délicieux.
— 3. Royaume de Valence, pays charmant. —
4. Catalogne, contrée montagneuse, mais fertile.

Cinq au milieu.

1. Royaume de Navarre, montagneux et peu
fertile. — 2. Royaume d'Aragon, sec, montueux
et mal peuplé. — 3. Castille vieille, qui produit
des laines estimées. — 4. Royaume de Léon, fertile en blé. — 5. Castille nouvelle, riche en blé,
en vins et en bétail.

D. Quels sont les principaux fleuves de l'Espagne ?

R. Les principaux fleuves sont du nord au sud :
Le Minho, le Douro, le Tage, la Guadiana, le
Guadalquivir, dans le golfe de Cadix, qui se jette
dans l'Océan ; et l'Ebre qui se jette dans la Méditerranée.

Provinces du Nord.

D. Quelles sont les principales villes des provinces du nord.

R. Ce sont, pour la Biscaye :

BILBAO, *év.*, *capitale* de la Biscaye, et de la
Biscaye propre. — FONTARABIE, *capitale* du
Guipuscoa, *place forte.* — VITTORIA, *capitale* de
l'Alava.

Pour les Asturies :

OVIÉDO, *év.*, *capitale* des Asturies. — SENTIL-
LANA, *capitale* des Asturies de ce nom.

Pour la Galice :

COMPOSTELLE, *archev.*, *capitale* de la Galice ;

célèbre par le concours des pélerins que lui attire son église cathédrale dédiée à saint Jacques. — Mondonedo, *év.*, au nord. — Lugo, Tuy, *év.*, sur le Minho. — Orensé, la Corogne et le Ferrol, *ports* au nord-ouest.

Provinces du sud, sur l'Océan.

D. Quelles sont les principales villes de l'Andalousie ?

R. Séville, *archev.*, *capitale* de l'Andalousie, sur le Guadalquivir. C'est la plus considérable ville d'Espagne après Madrid. Michel Cervantes, l'auteur de Don-Quichotte, et le vertueux Barthélemy de Las-Casas y sont nés. — Cordoue, ville considérable, *év.*, sur le Guadalquivir. C'est la patrie des deux Sénèques, du poète Lucain et du grand capitaine Gonzalve de Cordoue. — Baeça, belle ville, sur une colline. — Jen, *év.*, au sud de Baeça. — Cadix, *év.*, dans l'île de ce nom, au sud-ouest de cette province. Ville très-commerçante, avec un *beau port* sur l'Océan. — Gibraltar, *forteresse*, regardée comme imprenable, sur le détroit de ce nom, entre l'Océan et la mer Méditerranée ; elle appartient aux Anglais.

Provinces du sud, au nord-est.

D. Quelles sont les principales villes des provinces du sud au nord-est ?

R. Ce sont, pour le royaume de Grenade :

Grenade, *archev.*, *capitale* du royaume de ce nom, ville très-grande, mais mal peuplée, ancienne résidence des rois maures ; elle est fameuse par ses soies. — Guadix, *év.* — Almérie, Malaga, *év.*, *ports* au sud sur la Méditerranée.

Pour le royaume de Murcie :

MURCIE, *capitale* du royaume de Murcie. — CARTHAGÈNE, *év.*, *port.*

Pour le royaume de Valence :

VALENCE, *archev.*, *capitale* du royaume de ce nom, ville grande et très-peuplée. — SEGORDE, *év.*, au nord-ouest de Valence. — ALICANTE, *ville forte*, et *port* très-fréquenté. — ORIHUELLA, *év.*, au sud.

Pour la Catalogne :

BARCELONE, *év.*, *port*, *capitale* de la Catalogne. — VICH, GIRONE et URGEL, *év.*, près les Pyrénées. — SOLSONE, *év.*, au sud d'Urgel. — LÉRIDA, *év.*, sur la Sègre. — TARRAGONE, *archev.*, sur la Méditerranée. — TORTOSE, *év.*, presqu'à l'embouchure de l'Ebre.

Provinces du milieu.

D. Quelles sont les principales villes des provinces du milieu ?

R. Ce sont, pour la Navarre :

PAMPELUNE, *place forte*, *év.*, *capitale* de la Navarre. — ESTELLA, sur l'Ega. — TUDELA, sur l'Ebre.

Pour l'Aragon :

SARAGOSSE, *arch.*, sur l'Ebre, capitale du royaume d'Aragon. — ALBARASIN, TÉRUEL, *év.*, sur le Gualdalaviar, au sud-ouest de l'Aragon. — JACCA, *év.*, au nord, sur l'Aragon. — TARAÇONA, *év.*, à l'occident. — HUESCA, *év.*, à l'orient de Taraçona.

Pour la Castille vieille :

BURGOS, *archev.*, capitale de la Castille vieille. — VALLADOLID, *év.*, à l'ouest. — OSMA, *év.*, sur le Douro. — SIGUENÇA, *év.*, au sud-est d'Osma. — SÉGOVIE, *év.*, au sud, célèbre par ses laines. — AVILA, *év.*, au sud-ouest de Ségovie.

Pour le royaume de Léon :

Léon, *évêché*, *capitale* du royaume de ce nom. — Astorga, *place forte*; Palencia, assez belle ville; Zamora, sur le Douro; Salamanque célèbre université, Ciudad-Rodrigo, *ville forte*, *évêchés*, du nord au sud.

Et pour la Castille nouvelle :

Madrid, capitale de toute l'Espagne et de la Castille nouvelle, et en particulier de l'Algaria; résidence ordinaire du roi d'Espagne, sur le Mançanarès. Elle est grande, mais sale et mal bâtie; à 280 l. de Paris: pop. 167,500 hab. — Tolède, grande ville, *archev.* primat d'Espagne, sur le Tage, au midi de Madrid. — L'Escurial, magnifique couvent et palais royal, au nord-ouest de Madrid. — Cuença, *év.*, *capitale* de la Sierra. — Calatrava, *chef-lieu* d'un ordre de chevaliers, *capitale* de la Manche. — Badajos, *év.*, *capitale* de l'Estramadure, sur la Guadiana.

D. Quelles sont les principales îles d'Espagne?

R. 1° Majorque, *év.*, dont la capitale porte le même nom. — 2° Minorque; sa capitale est Citadella, et ses autres endroits remarquables sont Port-Mahon, Le fort Saint-Philippe, ci-devant aux Anglais, et pris par le maréchal de Richelieu, au mois de juin 1756. — 3° Iviça, qui a un *fort* du même nom.

ARTICLE SIXIEME.
DU PORTUGAL.

D. Qu'est-ce que le Portugal?

R. Le Portugal est un royaume qui est borné au nord et à l'est par l'Espagne, au sud et à l'ouest par l'Océan. L'air y est pur, sain et tempéré, cependant plus chaud que froid. Le sol produit de bons vins et des fruits excellens.

D. Quels sont les principaux fleuves du Portugal ?

R. Ce sont le Tage, dans le milieu ; le Douro, au nord ; et la Guadiana au sud-ouest. Ces trois fleuves ont leur source en Espagne, dont ils parcourent une partie avant d'entrer en Portugal.

D. Comment divise-t-on le Portugal ?

R. On divise le Portugal en six provinces, qui sont du nord au sud : 1. Entre *Douro* et *Minho*. — 2. Tra-los-Montes. — 3. Beïra. — 4. Estramadure portugaise. — 5. Alentéjo. — 6. Algarve.

D. Quelles sont les villes principales de la province d'Entre *Douro* et *Minho* ?

R. BRAGUE, *ancienne* et grande ville, *archev.*, *capitale*. — PORTO, *évêché*, à l'embouchure du Douro, *port*.

D. Quelles sont les villes principales de la province de Tra-los-Montes ?

R. MIRANDA-DE-DOURO , *évêché*, *capitale*. — BRAGANCE, *duché*, dont la maison régnante porte le nom.

D. Quelles sont les villes principales de la province de Beïra ?

R. COÏMBRE, *évêché*, *capitale*, *université*. — LA GUARDA, LAMEGO, sur le Douro, et VISEU, *évêchés*.

D. Quelles sont les villes principales de l'Estramadure portugaise ?

R. LISBONNE, *archevêché*, *port*, à l'embouchure du Tage, *capitale* de tout le royaume et de l'Estramadure portugaise. Le 1er novembre 1775, un tremblement de terre la renversa en grande partie, et l'incendie consuma le reste. Elle a été rebâtie sur un plan régulier ; à 441 l. de Paris : population, environ 230,000 habit. — LEIRIA, *évêché*.

D. Quelles sont les villes principales de l'Alentéjo ?

R. Evora, *archevêché*, *capitale*. — Elvas,
place forte, Portalègre, *évêchés*.

D. Quelles sont les villes principales de l'Algarve ?

R. Tavira, *capitale*, sur le bord de la mer.
— Faro, *évêché*, *port* et *place forte*.

ARTICLE SEPTIEME.

DE LA SUISSE.

D. Quel est le gouvernement de la Suisse ?

R. C'est une confédération de plusieurs répu-
bliques, appelées cantons. L'union a conservé la
liberté dans la Suisse, et les troubles politiques
ne l'ont pas atteinte : Guillaume Tell est le fon-
dateur de la liberté en Suisse.

D. Quelles sont les bornes de la Suisse ?

R. La Suisse est bornée au nord par le grand
duché de Bade et l'Alsace ; à l'orient par le lac de
Constance et les royaumes de Bavière et Lombard-Vénitien ; au midi et à l'occident, par ce
dernier, la Savoie et la France. Le pays est élevé
et rempli de montagnes.

D. Quelles sont les principales rivières de la
Suisse ?

R. Le Rhin et le Rhône, dont on a déjà parlé,
le Tésin, qui va en Italie et se jette dans le Pô,
y prennent leur source, aussi bien que l'Aar, la
Reuss et l'Inn.

D. Comment divise-t-on la Suisse ?

R. On divisait la Suisse en dix-neuf cantons ; il
en a été ajouté trois par l'acte du congrès de
Vienne, lesquels sont formés du Valais, du territoire de Genève, et de la principauté de Neuf-

châtel. Voici leurs noms par ordre alphabétique,
ainsi que ceux des chefs-lieux :

CANTONS.	CHEFS-LIEUX.
1. APPENSEL,	*Appensel*, bourg riche et peuplé.
2. ARGOVIE,	*Arau*, petite ville.
3. BALE,	*Bâle*, belle ville, sur le Rhin.
4. BERNE,	*Berne*, belle ville, sur l'Aar.
5. FRIBOURG,	*Fribourg*, ville bien peuplée.
6. GLARIS,	*Glaris*, bourg.
7. GRISONS,	*Coire*, petite ville.
8. LUCERNE,	*Lucerne*, ville riche et commerçante.
9. SAINT-GALL,	*Saint-Gall*, ville moyenne.
10. SCHAFFHOUSE,	*Schaffhouse*, sur le Rhin.
11. SCHWITZ,	*Schwitz*, qui a donné son nom à l'Helvétie.
12. SOLEURE,	*Soleure*, belle ville, sur l'Aar.
13. TÉSIN,	*Bellinzona*, petite ville.
14. TURGOVIE,	*Frawenfeld*, petite ville.
15. UNDERWALD,	*Stantz*, gros bourg.
16. URI,	*Altorff*, patrie de Guillaume Tell.
17. VAUD,	*Lausanne*, jolie ville, sur une hauteur.
18. ZUG,	*Zug*, petite ville.
19. ZURICH,	*Zurich*, ville ancienne et grande.

Cantons ajoutés par l'acte du congrès de Vienne :

20. VALAIS,	*Sion*, petite ville.
21. GENÈVE,	*Genève*, belle ville, sur le lac de ce nom.
22. NEUFCHATEL,	*Neufchâtel*, ville manufacturière.

D. Quelles sont les principales villes de la Suisse ?

R. Zurich, Bale, Berne, Lucerne, Fribourg, Soleure, Lausanne, Schaffouse et Genève.

ARTICLE HUITIEME.

ROYAUME DE BELGIQUE.

D. Qu'appelez-vous Belgique ?

R. La Belgique est une partie de l'ancienne Gaule : les Belges, Germains pour la plupart, étaient tous fiers, belliqueux, accoutumés à braver les fatigues et les périls ; ils furent les derniers soumis par César. Ce pays a été connu depuis sous le nom de Flandre ou de Pays-Bas Autrichiens. Il fut réuni à la France en 1795 ; mais à la chute de l'empereur Napoléon, la Belgique fut jointe à la Hollande pour former une monarchie, sous le titre de royaume des Pays-Bas. En 1830, la Belgique se souleva, et se sépara de la Hollande ; elle forme aujourd'hui un état indépendant qui porte le nom de royaume de Belgique. Le climat est un peu froid, et cependant sain : le sol produit du blé, des fruits, du lin, du chanvre, et a de bons pâturages. Les habitans sont industrieux et commerçans. Ce royaume est borné par la France, la Prusse, la Hollande, et l'Océan.

D. Quelles sont les principales rivières de la Belgique ?

R. La Meuse, l'Escaut, et la Sambre.

D. Quel est le cours de la Meuse ?

R. La Meuse, qui prend sa source en France, près de Meuse et de Montigny, département de la Haute-Marne, passe à Verdun, à Sédan, à

Dinan, à Liége, à Maëstricht, se réunit au Rhin, s'en sépare, s'y réunit une seconde fois, et se jette dans la mer au-dessous de Dordrecht.

D. Quel est le cours de l'Escaut?

R. L'Escaut prend sa source en France, près du Cateet, département de l'Aisne, passe à Cambrai, à Valenciennes, à Tournay, à Oudenarde, reçoit la Lys à Gand, passe à Anvers, et se partage en deux branches avant de se rendre dans la mer du Nord.

D. Quel est le cours de la Sambre?

R. La Sambre a sa source en France, dans le département de l'Aisne, passe à Landrecies, à Maubeuge, à Charleroy, et se jette dans la Meuse à Namur.

D. Comment se divise la Belgique?

R. Elle se divise en huit provinces, savoir : au milieu, le duché de Brabant ou Brabant méridional : à l'orient, le grand duché de Luxembourg, le duché de Limbourg ; à l'occident, le comté de Flandre, divisé aujourd'hui en Flandre occidentale, en Flandre orientale ; au midi, ceux de Hainaut et de Namur ; au nord, le marquisat du Saint-Empire, et la seigneurie de Malines, formant aujourd'hui la province d'Anvers.

D. Quelles sont les principales villes du duché de Brabant ?

R. Bruxelles, *capitale*, sur la Senne, grande et belle ville, à 78 l. de Paris : pop. 72,300 hab. — Nivelle, au midi de Bruxelles, jolie ville, située dans un pays agréable. — Louvain, à l'orient de Bruxelles, sur la *Dyle*, grande ville, mal peuplée. — Malines, sur la *Dyle*, archev., jolie ville, quoique ancienne. — Anvers, *port*, sur l'*Escaut*, grande ville, *forte* et bien bâtie : pop. 59,000 habit.

D. Quelle est la principale ville du grand duché de Luxembourg?

R. Luxembourg, *capitale*, sur l'*Esle* : c'est une des plus forte ville de l'Europe : pop. 9,300 hab.

D. Quelle est la principale ville du duché de Gueldre?

R. Ruremonde, au confluent de la *Roër* et de la *Meuse*, ville riche, marchande et bien fortifiée.

D. Quelles sont les principales villes du comté de Flandre?

R. Gand, *capitale*, *évêché*, ville riche, d'une étendue immense, mais peu peuplée : pop. 57,000 hab. — Termonde, au confluent de la *Dendre* et de l'*Escaut*. — Oudénarde, sur l'*Escaut*, *ville forte* et riche. — Courtray, sur la *Lys*. — Bruges, grande ville, à l'ouest de Gand : pop. 33,000 hab. — Ostende, *port et ville très-forte*. — Ypres, grande et belle ville sur l'*Yperle*. — Furnes, *place forte*. — Tournay, *place forte*.

D. Quelle est la principale ville du comté de Hainaut?

R. Mons, *capitale*, *place forte* : pop. 19,000 h.

D. Quelles sont les principales villes du comté de Namur?

R. Namur, *capitale*, *place forte*, au confluent de la *Sambre* et de la *Meuse*. — Charleroy, *ville forte*, sur la *Sambre*.

ARTICLE NEUVIEME.

ROYAUME DE HOLLANDE.

D. Que renferme le royaume de Hollande?

R. Cet état comprend les anciennes Provinces-Unies, lesquelles formaient une république puissante dont le chef portait le titre de *Stathouder*. Une de ces provinces, le comté de Hollande, a donné son nom à tout le pays qui s'appelait anciennement Batavie. Ce royaume est borné à l'orient par l'Allemagne, au midi par le Brabant, à l'occident et au nord par l'Océan.

D. Comment divise-t-on les Provinces-Unies ?

R. En sept provinces, et le pays de la Généralité, savoir : la Gueldre hollandaise ou septentrionale, au sud-est; la Hollande, proprement dite, à l'occident; la Zélande, au sud-ouest; la province d'Utrecht, au milieu; la Frise, au nord; l'Over-Yssel, et la province de Groningue, au nord-ouest; le pays de la Généralité, qui forme aujourd'hui la province appelée Brabant septentrional, au sud.

D. Quelles sont les principales villes de la Gueldre hollandaise ou septentrionale?

R. Nimègue, *capitale*, sur le *Vahal*, bras du Rhin, *ville forte* et marchande. — Arnheim, *ville fortifiée*. — Zutphen, sur l'*Yssel*, autre bras du Rhin, *ville ancienne et forte*.

D. Quelles sont les principales villes de la Hollande proprement dite?

R. Amsterdam, *port*, la plus grande ville des ci-devant Provinces-Unies, et *capitale* du royaume des Pays-Bas : pop. 217,000 habitans. Jusqu'à la dissolution de la république elle a été la ville la plus riche et la plus florissante de l'Europe : elle était alors peuplée de 450,000 hab. Elle partageait avec Bruxelles, le titre de capitale du royaume des Pays-Bas; à 126 l. de Paris. — Alkmaer, la plus ancienne ville de la Hollande. — Harlem, sur le lac du même nom. — Leyde, sur le *Rhin*, fameuse par son *université*. — La Haye; comme ce lieu n'a pas de murailles, il peut passer pour un bourg ou pour un village; mais c'est le plus beau qui soit au monde : il a

42,000 hab. — Rotterdam, *port*, sur la *Meuse*, près de l'embouchure de ce fleuve. — Dordrecht, sur la *Meuse*, au midi. — Gorcum, *ville forte*, sur la *Meuse*, à l'orient de Dordrecht. — Briel, *port*, dans l'île de *Vorn*.

D. Quelles sont les principales villes de la Zélande?

R. Middelbourg, *capitale*, dans l'île de Valcheren, ville belle et très-marchande : pop. 7,000 hab. — Flessingue, *port*, à l'embouchure de l'Escaut. — Goès, *ville forte* et riche. — Zierickzée, petite ville, avec un bon *port*, dans l'île de Schowen.

D. Quelles sont les principales villes de la province d'Utrecht?

R. Utrecht, *capitale* sur le *Rhin*, belle ville et célèbre par le traité de ce nom. — Amersfoort, sur l'*Ems*, au nord-est d'Utrecht.

D. Quelle est la principale ville de la Frise?

R. Leuwarden, *capitale*, au nord : pop. 15,000 habitans. — Franeker, belle ville, sur un canal, à deux lieues de Zuiderzée.

D. Nommez les principales villes de la province d'Over-Yssel.

R. Deventer, *capitale* sur l'*Ysse*, *ville forte* et bien bâtie. — Zwoll, *place forte*.

D. Quelle est la principale ville de la province de Groningue?

R. Groningue, *capitale*, *ville forte*, et peuplée de 23,000 habitans.

D. Quelles sont les principales villes du pays de la Généralité ou Pays-Conquis.

R. Breda, *ville forte* et marchande. — Bois-le-Duc, sur le *Dommel*. — Maestricht, *ville forte*, sur la *Meuse*.

ARTICLE DIXIEME.

DE L'ALLEMAGNE

OU DE LA CONFÉDÉRATION GERMANIQUE.

D. Qu'est-ce que l'Allemagne ?

R. L'Allemagne était un vaste état, composé d'un grand nombre de souverainetés ecclésiastiques et séculières, de plusieurs villes impériales, dont quelques-unes se nommaient anséatiques.

D. Quel titre portait le chef de l'Allemagne ?

R. Il portait le titre d'empereur.

D. Cette dignité était-elle héréditaire ?

R. Non ; l'empereur d'Allemagne était élu par neuf princes, trois ecclésiastiques et six séculiers, qu'on appelait électeurs.

D. Quels étaient les trois électeurs ecclésiastiques ?

R. C'étaient les archevêques de Mayence, de Cologne et de Trèves.

D. Quels étaient les six autres électeurs ?

R. Le roi de Bohême, le duc de Bavière, le comte Palatin, le duc de Saxe, le marquis de Brandebourg et le duc d'Hanovre.

D. Qu'entendez-vous par villes impériales ?

R. On appelait ainsi les villes libres qui ne dépendaient que de l'empire. Il y en avait anciennement cinquante et une en Allemagne ; mais il y a quelques années, on en avait supprimé la plus grande partie ; et il n'en restait plus que six, lorsque l'empire d'Allemagne fut détruit en 1806, savoir : Ausbourg, Nuremberg, Francfort, Brême, Hambourg et Lubeck. Ces trois dernières étaient aussi anséatiques.

D. Qu'entendez-vous par villes anséatiques ?

R. On nommait ainsi des villes libres qui s'étaient unies ensemble pour soutenir leur commerce : il y en avait six ; cinq en Allemagne, les trois qui viennent d'être nommées, Cologne et Rostock, et une en Pologne, Dantzick.

D. Comment divisait-on l'Allemagne ?

R. L'Allemagne était divisée en neuf cercles ou grandes provinces, qui comprenaient chacune plusieurs États, dont les chefs s'assemblaient pour leurs affaires communes. Il y avait quatre cercles dans la haute Allemagne, au midi, et cinq dans la basse, au nord.

D. Quels étaient les quatre cercles de la haute Allemagne ?

R. C'étaient, d'orient en occident, ceux d'Autriche, de Bavière, de Souabe, et au nord de ces deux derniers, celui de Franconie.

D. Quels étaient les cinq cercles de la basse Allemagne ?

R. C'étaient le long de l'Océan et de la mer Baltique, ceux de Haute-Saxe, de Basse-Saxe, et de Westphalie, et au sud de ce dernier, ceux du Haut-Rhin et du Bas-Rhin ou cercle électoral ?

1. D. Où était situé le cercle d'Autriche ?

R. Ce cercle, à l'orient et au midi de l'Allemagne, était borné au nord par la Bohême et la Moravie, à l'orient par la Hongrie, au midi par la seigneurie de Venise, et à l'occident par la Bavière et le pays des Grisons.

D. Combien renfermait-il de pays ?

R. Le cercle d'Autriche renfermait cinq pays : quatre du nord au sud, l'archiduché d'Autriche (aujourd'hui à l'Autriche), les duchés de Styrie, de Carinthie et de Carniole (à l'Autriche) ; le cinquième était le comté de Tyrol (à l'Autriche).

2. D. Quelles étaient les limites du cercle de Bavière ?

R.

R. Ce cercle était borné au nord par la Franconie et la Bohême, à l'orient et au midi par le cercle d'Autriche, et à l'occident par la Souabe.

D. Combien renfermait-il d'états principaux ?

R. Le cercle de Bavière renfermait le duché de Bavière au midi du Danube, et le Palatinat de Bavière au nord, le duché de Nembourg, l'évêché de Freysingen, au milieu du duché de Bavière, l'évêché de Ratisbonne, l'évêché de Passaw, l'un et l'autre le long du Danube (au royaume de Bavière), l'archevêché de Salzbourg (à l'Autriche).

3. D. Quelles étaient les limites du cercle de Souabe ?

R. Cette province était bornée au nord par le cercle électoral du Rhin et de la Franconie, à l'orient par la Bavière, au midi par la Suisse, et à l'occident par le Rhin qui la séparait de l'Alsace ou de la France.

D. Quels étaient les principaux états de ce cercle ?

R. Ce cercle avait trente et une villes impériales, et grand nombre d'états ecclésiastiques et séculiers. Les principaux étaient au nombre de six : 1° le duché de Wurtemberg, au nord (au roi de Wurtemberg) ; 2° la principauté et le comté de Furstemberg (au grand duc de Bade), à l'ouest et au sud du duché de Wurtemberg ; 3° le marquisat de Bade (au grand duc de Bade) ; 4° l'évêché d'Ausbourg, à l'orient (au roi de Bavière ; 5° l'abbaye de Kempten, au sud-est (au roi de Bavière) ; 6° l'évêché de Constance, au midi (au grand duc de Bade).

4. D. Quelles étaient les limites du cercle de Franconie ?

R. Ce cercle, situé au milieu de l'Allemagne,

était borné au midi par la Souabe, à l'orient par la Bavière et la Bohême, au nord par le cercle de la Haute-Saxe , et à l'occident par celui du Haut-Rhin.

D. Quels étaient les principaux états du cercle de Franconie ?

R. Les principaux états de ce cercle étaient les évêchés de Bamberg (au royaume de Bavière); et de Wurtzbourg, au milieu (au roi de Bavière); l'évêché d'Aichtæt au sud-est (au roi de Bavière); le marquisat d'Anspach et de Culembach, au midi et au nord-est (au royaume de Bavière); les possessions des princes de Saxe-Gotha , de Saxe-Cobourg et de Saxe-Hildbourghausen.

D. Combien y avait-il de villes impériales dans ce cercle ?

R. Il y avait en Franconie cinq villes impériales et libres.

5. D. Comment divisait-on le cercle de Haute-Saxe ?

R. Ce cercle se divisait en trois parties principales : 1° la Saxe (partie au roi de Saxe, partie au roi de Prusse) ; 2° l'électorat de Brandebourg (au roi de Prusse) ; 3° le duché de Poméranie (au roi de Prusse).

Il n'y avait que deux villes impériales : Mulhausen et Northausen, vers l'occident.

6. D. Combien le cercle de Basse-Saxe comprenait-il de parties ?

R. Ce cercle comprenait huit principales parties : 1° le duché de Brunswick ; 2° l'évêché de Hildesheim ; 3° la principauté de Halberstadt; 4° le duché de Magdebourg ; 5° les états de Brunswik-Hanover, ou de l'électeur d'Hanovre (partie au roi de Prusse, partie à celui d'Hanovre) ; 6° le duché de Mecklenbourg (au duc de

Mecklenbourg); 7° le duché de Holstein (au roi de Danemarck); 8° l'évêché de Lubeck (au duc de Holstein-Oldembourg).

D. Combien y avait-il dans ce cercle de villes impériales?

R. Il n'y en avait que quatre, savoir: Goslar (au roi de Prusse); Brême, Hambourg et Lubeck, villes libres.

7. D. Quelles étaient les limites du cercle de Westphalie?

R. Ce cercle avait, au nord, l'Océan; à l'orient, la Basse-Saxe; au midi, le cercle du Haut-Rhin; à l'occident, les Pays-Bas ou Provinces-Unies.

D. Combien renfermait-il d'états principaux?

R. Il renfermait treize états principaux, savoir: 1° l'évêché de Liége (au roi des Pays-Bas); 2° le duché de Juliers; 3° le duché de Berg, à l'orient (au roi de Prusse); 4° le duché de Westphalie ou le Saureland, au nord-est de celui de Berg (au grand duc de Hesse-Darmstadt); 5° le duché de Clèves et le comté de la Marck (au roi de Prusse); 6° l'évêché de Munster; 7° l'évêché de Paderborn; 8° l'évêché d'Osnabruck; 9° la principauté de Minden et le comté de Ravensberg (au roi de Prusse); 10° le comté d'Hoya; 11° le duché de Ferden, au nord-est du même évêché (au roi d'Hanovre; 12° le comté d'Oldembourg; 13° la principauté d'Oost-Frise (au roi d'Hanovre).

D. Combien y avait-il de villes impériales dans ce cercle?

R. Il y avait en Westphalie deux villes libres et impériales: Aix-la-Chapelle dans le duché de Juliers, et Dortmund dans le comté de la Marck.

8. D. Quels étaient les principaux états du cercle du Bas-Rhin?

R. Ce cercle, qui coupait celui du Haut-Rhin,

se nommait aussi *Cercle Electoral* , parce qu'il
comprenait quatre électorats, savoir : 1º Mayence,
2º Trèves, 3º Cologne, 4º le Palatinat du Rhin.

Il renfermait encore une ville impériale qui
était Cologne, et quelques petits états peu considérables.

9. D. Quels étaient les principaux Etats ren-
fermés dans le cercle du Haut-Rhin.

R. Ce cercle renfermait huit principaux Etats,
savoir : 1º l'évêché de Worms, et 2º celui de Spire
(partie au grand duc de Bade, partie au roi de
Bavière) ; 3º l'évêché de Bâle (partie à la Suisse,
partie au grand duc de Bade) ; 4º le duché des
Deux-Ponts ; 5º le duché de Simmerin ; 6º le
landgraviat de Hesse (à l'électeur de Hesse-Cassel) et le landgraviat de Darmstadt (au grand
duc de Hesse-Darmstadt) ; 7º le comté de Nassau, (au prince de Nassau) ; 8º la principauté de
l'abbaye et évêché de Fulde (à l'électeur de
Hesse-Cassel).

D. La constitution de l'Allemagne n'a-t-elle
pas éprouvé des changemens dans ces dernières
années ?

R. Oui ; dès le commencement de la révolution
française, plusieurs villes et portions de territoire
avaient été détachées de l'Allemagne et réunies à
la France. En 1806, l'empire d'Allemagne s'é-
croula entièrement, et de ses débris il se forma
une confédération des princes Allemands, sous le
titre de Confédération du Rhin. Elle fut dissoute
en 1814, et le congrès de Vienne la remplaça,
en 1815, par une autre qui porte le nom de Confédération Germanique.

D. Quelques princes d'Allemagne n'avaient-ils
pas aussi changé de titres ?

R. Oui ; les électeurs de Saxe et de Bavière, et

le duc de Wurtemberg ont pris, lorsque la Confédération du Rhin s'est formée, le titre de roi, qu'ils ont conservé ; et d'autres, celui de Grand-Duc, etc. Un nouveau royaume, qui n'existe plus, s'était formé d'une partie du cercle de Westphalie et du Hanovre, sous le royaume de Westphalie.

D. Quels états composaient la Confédération du Rhin ?

D. Le duché de Berg, le duché de Mecklembourg, le royaume de Westphalie, le royaume de Saxe, le grand duché de Varsovie, qui a passé, avec le titre de royaume, sous la domination de l'empereur de Russie; le royaume de Bavière, le royaume de Wurtemberg, le grand duché de Bade, le grand duché de Hesse-Darmstadt, le duché de Nassau, le grand duché de Francfort, le grand duché de Wurtzbourg, et plusieurs autres principautés de l'Allemagne ?

D. Quels sont les principaux états qui composent la Confédération Germanique ?

R. L'Autriche et la Prusse, pour les états d'Allemagne ; le roi de Danemarck, pour le Holstein; le roi des Pays-Bas, pour le grand duché de Luxembourg ; le roi d'Angleterre, en qualité de roi d'Hanovre ; les rois de Bavière, de Saxe, de Wurtemberg ; le grand duc de Bade ; la Hesse-Electorale ; le grand duc de Hesse-Darmstadt, les villes libres de Lubeck, Francfort, Brême et Hambourg, et plusieurs principautés.

D. Quel est le but de la Confédération Germanique?

R. De maintenir la sûreté extérieure et intérieure de l'Allemagne, l'indépendance et l'inviolabilité des Etats confédérés.

D. Comment se règlent les affaires de la Confédération?

R. Dans une diète qui siége à Francfort, et qui est présidée par l'Autriche.

D. Quelles sont les principales rivières qui traversent l'Allemagne?

R. 1º L'Elbe, qui prend sa source en Bohême, traverse le royaume de Saxe, une partie de celui de Prusse, et se jette dans la mer du Nord; 2º le Weser, qui se jette dans la même mer; 3º le Danube, qui prend sa source près de la Forêt-Noire, passe à Ulm, traverse le royaume de Bavière, l'empire d'Autriche, la Turquie d'Europe, et se jette dans la mer Noire; le Rhin, qui prend sa source en Suisse, sépare l'Allemagne de la France, et entre en Hollande, où il perd son nom, doit être aussi considéré comme un fleuve d'Allemagne?

D. Quelles sont les principales villes de l'Allemagne?

R. Dusseldorf, *capitale* du grand duché de Berg (au roi de Prusse), 12,000 hab. — Cassel, jolie ville (à l'électeur de Hesse), 21,000 hab. — Magdebourg, *place forte* (au roi de Prusse). — Hanovre, *place forte, capitale* du royaume d'Hanovre, 20,000 habit. — Dresde, belle ville, *capitale* du royaume de Saxe; 49,000 hab. — Leipsick (au roi de Saxe), 32,000 hab. — Munich, *capitale* du royaume de Bavière; Ratisbonne, *arch.* (au roi de Bavière), 50,000 hab. — Saltzbourg, *arch.;* Inspruck (à l'Autriche). — Stutgard, *capitale* du royaume de Wurtemberg. — Ulm, *place forte* (au roi de Wurtemberg). — Carlsruhe, *capitale;* Bade, Manheim (au grand duc de Bade). — Francfort, sur le *Mein*, ville libre, siége de la diète de la Confédération Germanique. Elle est riche et commerçante, et a deux foires célèbres. — Vienne, sur le Danube, *capitale* de l'Autriche et de toute la monarchie autrichienne. La cité, ou ville proprement dite, n'a en général que des rues étroites et tortueuses ; mais ses faubourgs sont magnifiques. Sa popul. est de 254,000 ames ; à 306 l. de Paris. — Gratz, *capit.* du duché de Styrie ; Laybach, *capit.* du duché de Carniole ; Clagenfort, *capitale* de la Carinthie ; Trieste, *capitale* de l'Istrie ; Trente (à l'empereur d'Autriche). — Berlin, *capitale* du Brandebourg et de toute la monarchie prussienne : pop. 150,000 habitans. ; à 216 l. de Paris. — Francfort, sur l'*Oder* ; Brandebourg, Stettin, *capitale* de la Poméranie prussienne ; Stralsund, *capitale* de la ci-devant Poméranie suédoise (à la Prusse). — Gluckstadt, *port*, principale ville du Holstein ; Kiel (au roi de Danemarck).

ARTICLE ONZIEME.

EMPIRE D'AUTRICHE.

D. Quels sont les autres Etats de l'empereur d'Autriche ?

R. Ces Etats, outre le royaume Lombard-Vénitien et l'Autriche, sont : le royaume de Bohême, le Marquisat de Moravie, la Silésie autrichienne, le royaume de Hongrie, l'Esclavonie, la Transylvanie, la Gallicie orientale.

Royaume de Bohême.

D. Où est situé le royaume de Bohême ?
R. Au nord de l'archiduché d'Autriche.
D. Quelle est la capitale de ce royaume ?

R. **Prague**, sur la Muldaw, *archev.* , *université*; elle a 80,000 habitans.

Marquisat de Moravie.

D. Où est situé ce Marquisat?
R. A l'est du royaume de Bohême.
D. Quelle en est la capitale?
R. **Olmutz**, sur la Morava, *évéché*; elle ren-
ferme 11,000 habitans.

Silésie autrichienne.

D. Où est située cette province?
R. Elle est au nord-est de la Moravie.
D. Quelle en est la ville principale?
R. **Jegersdorf**, jolie ville, sur l'Oppa.

Royaume de Hongrie.

D. Qu'est-ce que le royaume de Hongrie?
R. C'est un état assez étendu qui forme la
partie orientale de la monarchie autrichienne. Il
est borné à l'occident par la Syrie, l'Autriche et
la Moravie; au nord, par la Silésie et la Gallicie;
à l'orient et au midi, par la Turquie d'Europe.
D. Comment divise-t-on le royaume de Hongrie?
R, On le divise en trois parties: 1° la Hongrie
occidentale; 2° la Hongrie orientale; 3° le Bannat de Temeswar.
D. Quelles sont les principales villes de la
Hongrie?
R. **Presbourg**, sur le Danube, *capitale* de la
Hongrie occidentale. Cette ville, qui est située
sur les frontières de l'Autriche, a 27,000 habit.
Elle fut prise par les Français en 1805 et en 1809.
— **Tokai**, fameuse pour ses vins. — **Agria**,
place forte. — **Bude**, sur le Danube, *capitale* de

la Hongrie orientale et de tout le royaume. — GRAN ou STRIGONIE, sur le Danube, *archev.* — TEMESWAR, *capit.* du Bannat de ce nom, *place forte.*

Esclavonie.

D. Où est située l'Esclavonie ?

R. Au sud-ouest de la Hongrie.

D. Quelles sont les villes principales de l'Esclavonie.

R. AGRAM, sur la Save.

PETERWARADIN, *place forte*, près le Danube.

Transylvanie.

D. Où est située la Transylvanie ?

R. Au sud-est de la Hongrie.

D. Quelle est la capitale de ce pays ?

R. HERMANSTADT, *place forte.* On y compte 15,000 habitans.

Gallicie orientale.

D. Où est située cette province ?

R. Au nord-est de la Hongrie, dont elle est séparée par les monts Krapacks.

D. Quelle est la capitale de la Gallicie orientale ?

R. LÉOPOLD *ou* LEMBERG, *arch.*, grande ville, peuplée de 20,000 âmes. Cette province a été détachée de la Pologne.

ARTICLE DOUZIEME.

ROYAUME DE PRUSSE.

D. Quelles sont les principales possessions du royaume de Prusse ?

R. La Prusse proprement dite, qui donne son nom à la monarchie ; la Silésie prussienne ; les deux Poméranies ; le grand duché de Posen ; la Basse-Lusace ; et le grand duché du Bas-Rhin.

D. Quelles sont les principales rivières du royaume de Prusse ?

R. 1° L'Oder, qui prend sa source à l'extrémité de la Silésie, traverse cette province dans toute sa longueur , puis le Brandebourg et la Poméranie, et va se jeter dans la Baltique ; 2° la Vistule, qui prend sa source en Silésié, traverse la Prusse et la Pologne, et se jette dans la mer Baltique ; l'Elbe doit être aussi considéré comme un fleuve de la Prusse.

Prusse.

D. Qu'est-ce que la Prusse?

R. Un royaume d'une médiocre étendue , et qui est situé à l'est de la Poméranie.

D. Comment divise-t-on la Prusse ?

R. En deux parties : la Prusse orientale et la Prusse occidentale.

D. Quelles sont les principales villes de la Prusse orientale ?

R. Koenisberg, *capitale* de la province et de tout le royaume, *port*, *université*, un peu au-dessus de l'embouchure du Prégel ; c'est une grande et belle ville où l'on compte 52,000 âmes. — Pillau, sur la mer Baltique, *port et place forte.* — Memel, sur la même mer, *port et place forte.*

D. Quelles sont les principales villes de la Prusse occidentale ?

R. Marienbourg, *place forte.* — Elbing, au nord, *place forte*, ville commerçante. — Dantzick, sur la Vistule, *place forte, port.* Cette ville, qui est une des principales de l'Europe par son commerce, et qui compte 36,000 habitans, appartient au roi de Prusse, en vertu de l'acte du congrès de Vienne.

Silésie prussienne.

D. Qu'est-ce que la Silésie?

R. Un duché d'une grande étendue, qui est situé à l'est des royaumes de Saxe et de Bohême.

D. Comment se divise la Silésie?

R. En Silésie prussienne et Silésie autrichienne. La première, qui est incomparablement la plus grande, est situé au nord-ouest de l'autre.

D. Quelles sont les principales villes de la Silésie prussienne?

R. BRESLAW, sur l'Oder, *capitale* de toute la Silésie, *évêché, place forte.* Cette ville renferme 66,000 habitans. — GLOGAW, sur l'Oder, *place forte.* — SCHWEIDNITZ, *place forte.* — GLATZ, OPPELEN et RATIBOR, *places fortes.*

Les deux Poméranies.

D. Quelle est la situation de ces deux provinces?

R. Elles sont situées près de la mer Baltique, et séparées l'une de l'autre par l'Oder.

D. Par quelles dénominations sont-elles distinguées l'une de l'autre?

R. Celle qui est située sur la rive gauche de l'Oder, se nomme Poméranie suédoise; l'autre, Poméranie prussienne.

D. Quelles en sont les villes principales?

R. STRALSUND, *ville forte,* à l'est de la première; et STETTIN, *ville forte,* à l'est de la seconde.

Le grand duché de Posen.

D. De quel pays est formé ce grand duché, et quelle en est la capitale?

R. Il est formé d'une bonne partie de la Grande-Pologne, proprement dite.

Posna, *évêché*, en est la capitale.

Basse-Lusace.

D. A quel prince appartenait la Basse-Lusace, avant d'être réunie à la Prusse, par le congrès de Vienne ?

R. Elle appartenait presque tout entière au roi de Saxe.

D. Quelles en sont les principales villes ?

R. Luben, sur la Sprée. — Guben, sur la Neiss. — Cotbuss, sur la Sprée.

Grand duché du Bas-Rhin.

D. Quel pays comprend ce grand duché ?

R. Il comprend plusieurs pays situés sur les deux rives du Rhin, avant l'entrée de ce fleuve en Hollande.

D. Quelles en sont les principales villes ?

R. Juliers, *ville forte*, sur la Roër. — Aix-la-Chapelle, autrefois ville impériale. — Dusseldorf, ville considérable et *forte*. — Clèves, *capitale* de l'ancien duché de ce nom. — Wesel, grande ville et *place forte*, sur le Rhin. — Coblentz, au confluent du Rhin et de la Moselle.

ARTICLE TREIZIEME.

DES ILES BRITANNIQUES.

D. En quoi consistent les îles Britanniques ?

R. Les îles Britanniques consistent en deux grandes îles et plusieurs petites.

Les deux grandes sont :

1. La Grande - Bretagne , qui comprend le

royaume d'Angleterre et celui d'Ecosse; — 2. L'Irlande, qui est aussi un royaume.

Ces trois royaumes appartiennent au même roi qui porte le titre de *roi de la Grande-Bretagne.*

D. Où sont situées les îles Britanniques ?

R. Elles sont situées au nord de la partie occidentale de la France.

§. 1er.

De l'Angleterre.

D. Qu'est-ce que l'Angleterre ?

R. Un des trois royaumes formés par les îles Britanniques.

D. Quelles sont les bornes de l'Angleterre ?

R. Ses bornes sont, au nord, l'Ecosse ; à l'est, la mer du Nord ; au sud, le Pas-de-Calais et la Manche qui la séparent de la France ; à l'ouest, le détroit qui la sépare de l'Irlande.

D. Quelles sont les productions de l'Angleterre ?

R. Ce pays ne produit point de vin, non plus que tous les autres du nord ; mais il est très-fertile en blé et nourrit beaucoup de bestiaux, dont la laine est très-estimée. Mais c'est surtout dans l'industrie de ses habitans que consistent ses principales richesses.

D. Quelles sont les principales rivières de ce royaume ?

R. Ses principales rivières sont :

La Tamise et l'Humber, à l'orient. — La Saverne, à l'occident.

D. Comment divise-t-on ce royaume ?

R. Il se divise en Angleterre à l'orient, et principauté de Galles à l'occident.

La première contient quarante comtés, et la

seconde douze, qui portent presque tous le même nom que leur capitale.

D. Quelles sont les principales villes de l'Angleterre?

R. Les villes principales de l'Angleterre sont : YORCK, *archev.*, *ancienne ville*, sur l'Oise, *capitale* du comté d'Yorck, la deuxième ville d'Angleterre, pour sa grandeur et sa beauté; au nord-est. — MANCHESTER, une des principales villes de l'Angleterre, pour ses manufactures et sa population. — LANCASTRE, à l'occident d'Yorck, *capitale* du comté de Lancastre. — BRISTOL, *év.*, vers l'embouchure de la Saverne, la troisième ville d'Angleterre : 68,645 habitans. — OXFORT, sur la Tamise, *év.*, *université* célèbre, *capitale* du comté d'Oxfort. — LONDRES, *év.*, *capitale* de tout le royaume et du comté de Middlesex, sur la Tamise, que l'on y passe sur quatre ponts, dont les plus beaux sont ceux de Westminster et de Waterloo, et qui lui forme un port magnifique et le plus fréquenté du monde entier. Elle renferme 864,845 habit.; à 98 lieues de Paris. — CAMBRIDGE, *év.*, *université*, *capit.* du duché de Cambridge, au nord de Londres. — CANTORBÉRY, au sud-ouest de Londres, *arch.*, primat du royaume, *capitale* du comté de Kent. — DOUVRES, *port* vis-à-vis Calais.

D. Quelles sont les principales villes de la principauté de Galles?

R. CARNAVAN, au nord-ouest. — CARDIGAN, au sud-ouest, vers le canal Saint-Georges, qui sépare cette principauté de l'Irlande.

D. Quelles sont les principales îles qui dépendent de l'Angleterre?

R. L'île de Man, au nord-ouest, *capitale* Douglas.

L'île de Wigth, au midi, *capitale* Nieuport. — Les îles de Guernesey et de Jersey, sur les côtes de France, *capitales* Saint-Pierre, Saint-Hélier.

§. II.

De l'Ecosse.

D. Qu'est-ce que l'Ecosse ?

R. Un des trois royaumes formés par les îles Britanniques.

D. Où est située l'Ecosse ?

R. Ce royaume est situé au nord de l'Angleterre : il est plus froid et moins fertile que ce dernier.

D. Quelles sont les rivières les plus considérables de l'Ecosse ?

R. Le Tay, qui la traverse d'occident en orient, et la divise en Ecosse septentrionale et en Ecosse méridionale. — La Spey, qui se jette dans la mer, au nord-est. — La Clyde, à l'ouest. — La Nith, au sud.

D. Quelles sont les principales villes de l'Ecosse septentrionale ?

R. Old-Aberdeen, *év.*, *université*, sur la côte orientale. — New-Aberdeen, *port*, *capitale* de la province de Marr, sur la côte orientale.

D. Quelles sont les principales villes de l'Ecosse méridionale ?

R. Saint-André, *archev.*, *université*, *capitale* de la province de Fife. — Edimbourg, *év.*, *université*, *capitale* de toute l'Ecosse et du Luthian. Cette ville grande et belle a un château fort construit sur un roc presque inaccessible ; il passait pour imprenable avant l'invention de l'artillerie. Elle possède 81,000 hab. — Glascow, *arch.*, sur la Clyde, *capitale* de la province de Glydesdale.

D. Quelles sont les principales îles de l'Ecosse?

R. L'île d'Arran, à l'occident, *capitale*, Brodwich. — L'île de Lewis, une des Hébrides, *capitale*, Sowardel. — L'île d'Eust, la deuxième des Hébrides. — L'île de Mainland, la principale des Orcades, au nord de l'Ecosse, *capitale*, Kirkwal.

§. III.

De l'Irlande.

D. Qu'est-ce que l'Irlande?

R. L'une des deux grandes îles Britanniques et l'un des trois royaumes.

D. Où est située l'Irlande?

R. A l'occident de la Grande-Bretagne.

D. Quelles sont les productions du royaume d'Irlande?

R. On y recueille du blé, du miel; le gibier et le poisson y sont communs; le sol est très-riche en pâturages?

D. Comment divise-t-on l'Irlande?

R. En quatre parties, suivant les quatre points cardinaux. — 1. L'Ulster, ou Ultonie, au nord, qui renferme dix comtés. — 2. Le Leinster ou Lagénie, à l'est, qui a onze comtés. — 3. Le Munster ou Momonie, au sud, six comtés. — 4. Le Connaught ou Connacie, à l'ouest, cinq comtés.

D. Quelles sont les principales rivières de l'Irlande?

R. La Banne, qui se jette dans l'Océan, au nord. — La Boyne, qui se jette dans l'Océan, à l'est. — Le Blackwater, au sud. — Le Shannon, à l'ouest.

D. Quelle est la principale ville d'Ultonie?

R. Armagh, *arch.*, *capitale* du comté d'Armagh.

D. Quelle est la principale ville de la Lagénie?

R. Dublin , *archev.* , *université* , *capitale* de tout le royaume, et en particulier du comté de Dublin, résidence du vice-roi. La Liffey, qui la partage en deux parties égales, lui forme un port. Sa population est de 156,000 hab. ; à 185 lieues de Paris.

D. Quelle est la principale ville de la Momonie?

R. Cashel, ou Cassel, *archev.*, *capitale* du comté de Tipperary.

D. Quelles sont les principales villes de la Connacie.

R. Galloway, *capitale* du comté de ce nom. — Toam, *archev.*, dans le comté de Galloway.

ARTICLE QUATORZIEME.

ÉTATS DU ROI DE DANEMARCK.

D. En quoi consistent les états du roi de Danemarck?

R. Ils consistent principalement dans le Daremarck, au sud. — L'Islande, à l'ouest. — Le Holstein, qui fait partie de l'Allemagne.

§. Ier.

Du Danemarck.

D. Qu'est-ce que le Danemarck?

R. Le Danemarck est un royaume peu considérable, mais fort peuplé, dont les bornes sont, à l'occident et au nord, l'Océan ; à l'orient, la mer Baltique ?

D. Comment divise-t-on le Danemarck ?

R. Le Danemarck se divise en terre ferme et en îles.

D. Qu'est-ce que la terre ferme ?

R. La terre ferme est une presqu'ile qu'on nomme le Jutland, qui se partage en Nord Jutland, Sud-Jutland ou duché de Sleswick, et duché de Holstein.

D. Quelles sont les productions du Danemarck ?

R. Le terroir, quoique entouré de mers, n'est pas marécageux : on y nourrit beaucoup de chevaux et de bœufs ; la chasse et la pêche y sont abondantes.

D. Quelles sont les villes principales du Nord-Jutland ?

R. Wibourg, *év.*, sur le lac Water, *capitale*, et Albourg, *év.* — Rypen, *év.*, *port*, à l'occident.

D. Quelles sont les villes principales du Sud-Jutland.

R. Sleswick, *cap.*, et Tondern, à l'occident.

Iles du Danemarck.

D. Quelles sont les îles principales du Danemarck ?

R. Les principales îles sont l'île de Séeland et la Fionie, dont les villes capitales sont :

Copenhague, *év.*, *capitale* de tout le royaume, *port*, *université*, dans l'île de Séeland, résidence du roi de Danemarck. Population 190,000 hab. ; à 240 lieues de Paris. Son port, formé par un canal spacieux qui traverse la ville, est l'un des meilleurs de l'Europe. — Odensée, *év.*, *capitale* de l'île de Fionie, apanage du fils aîné du roi.

§. II.

De l'Islande.

D. Qu'est-ce que l'Islande ?

R. Une grande île située au nord-ouest de la

Norwége, dont elle est très-éloignée. Elle appartient au roi de Danemarck. L'air y est extrêmement froid. Sa seule richesse consiste dans ses pâturages.

D. Quels en sont les principaux lieux ?

R. Skalholt, *évêché*, bourg et chef-lieu. — Hola, *év.*, au nord.

D. Qu'y a-t-il de remarquable dans cette île ?

R. Le mont Hécla, qui est un volcan, c'est-à-dire, une montagne qui jette du feu.

ARTICLE QUINZIEME.

DE LA SUÈDE ET DE LA NORWÉGE.

D. Qu'est-ce que la Suède ?

R. Un royaume qui entoure la mer Baltique ; l'air y est froid ; son territoire est assez stérile, mais riche en minéraux. Il abonde en renards et en hermines qui fournissent de belles fourrures.

D. Comment divise-t-on la Suède ?

R. On divise la Suède en quatre parties, savoir:

1. La Suède propre, à l'ouest de la mer Baltique. 2. La Gothie, au sud. 3. Le territoire de Bahus, à l'occident. 4. La Laponie suédoise, au nord.

D. Quelles en sont les principales rivières ?

R. Il n'y a de rivière remarquable que la Torn qui se jette dans la mer Baltique.

D. Quelles sont les principales villes de la Suède ?

R. Les principales villes de la Suède sont :

1° Dans la Suède propre :

Stockolm, *capitale* de toute la Suède, et en particulier de l'Uplande, fondée sur sept îles de rochers et deux presqu'îles. C'est une ville grande et marchande. Son port vaste et sûr pourrait contenir mille vaisseaux. On y compte 80,000 habit.; à 380 lieues de Paris. Upsal , *archev.*, célèbre université.

2° Dans la Gothie :

Gothembourg , *port*, à l'ouest, *capitale* du Westrogothland propre. — Lunden , *év.*, *capit.* de la Scanie ou Schonen, au sud. — Calmar , à l'est, *port*, *capitale* du Smaland.

3° Dans le territoire de Bahus :

Bahus , *capitale* du territoire de Bahus, cédée à la Suède par le Danemarck en 1678.

D. Comment divise-t-on la Laponie Suédoise?

R. La Laponie se divise en six marches ou préfectures, qui n'ont pas de villes, excepté la première, et qui prennent le nom des rivières qui les arrosent.

Ce sont du sud au nord :

Aosalha , lieu principal de la préfecture des Lapons d'Angermanie. — Uma: — Pitéa. — Lula. — Tornéa. — Kimi.

D. Que direz-vous de la Laponie ?

R. Le froid extrême qui y règne y rend la terre stérile. Durant l'été , le soleil reste plusieurs mois sans se coucher, et pendant l'hiver, on a également une nuit de plusieurs mois. Les Lapons sont remarquables par la petitesse de leur taille.

D. Qu'est-ce que la Norwége.

R. Un royaume assez étendu, qui est situé au nord du Danemarck, dont il est séparé par l'Océan. Il appartenait au Danemarck, qui l'a cédé à la Suède, en échange de la Poméranie Suédoise.

D. Comment divise-t-on la Norwége?

R. Elle se divise en 5 gouvernemens du sud au nord , savoir :

Christiansand. — Aggerrhus. — Berghen. — Drontheim. — Wardhus.

D. Quelles sont les capitales de ces gouvernemens ?

R. CHRISTIANSAND, *capitale* du gouvernement de ce nom, *évêché*, *port*. — CHRISTIANIA, *capitale* de tout le royaume et du gouvernement d'Aggerrhus. — BERGHEN, *archevêché*, *capitale* du gouvernement de Berghen, *port*. — DRONTHEIM, *évêché*, *capitale* du gouvernement de Drontheim, *port*.

ARTICLE SEIZIEME.

EMPIRE DE RUSSIE.

D. Qu'est-ce que la Russie ?

R. Un vaste empire qui s'étend en Europe et en Asie, et dont le souverain porte le titre d'*empereur de toutes les Russies, et de roi de Pologne.*

D. Quelles sont les bornes de la Russie ?

R. La Russie confine, du côté de l'Europe, à la Laponie Suédoise, à la Prusse, au royaume de Pologne qui appartient à l'empereur ; à l'empire d'Autriche, à la Turquie d'Europe ; et du côté de l'Asie, elle est bornée par la Perse, la Tartarie indépendante et la Tartarie Chinoise : elle s'étend par le nord-est, de l'Asie jusqu'à l'Amérique, dont elle n'est séparée que par le détroit de Behring ; large de moins de 30 lieues.

D. Comment divise-t-on la Russie d'Europe ?

R. La Russie d'Europe peut se partager en partie septentrionale, partie du centre, partie du sud, partie de l'est, partie du sud-est et partie de l'ouest. Chacune de ces parties se subdivise en gouvernemens.

D. Quelles sont les principales rivières de la Russie ?

R. Le WOLGA, qui traverse la Russie européenne de l'ouest à l'est, et se jette dans la mer Caspienne, en Asie, et au-dessus d'Astracan. — Le DON, qui coule du nord au sud, en faisant un grand circuit, et se décharge dans la mer d'Azof, au-dessus d'Azof. — La DWINA, qui se forme du concours des rivières de Sulma et du Joug, et se jette dans la mer Blanche, au nord de la Russie.

D. Quels sont les principaux lacs de la Russie?

R. Les principaux lacs de la Russie sont ceux de Ladoga et d'Onéga, vers la Finlande.

D. Combien la partie septentrionale de la Russie renferme-t-elle de gouvernemens?

R. Elle en renferme treize, dont voici les noms :

GOUVERNEMENS.	CAPITALES.
FINLANDE,	*Abo.*
WIBOURG,	*Wibourg.*
OLONEC,	*Olonec.*
ARCHANGEL,	*Archangel.*
ESTONIE,	*Revel.*
SAINT-PÉTERSBOURG,	*Saint-Pétersbourg.*
NOVOGOROD,	*Novogorod-Veliki.*
VOLOGDA,	*Vologda.*
LIVONIE,	*Riga.*
PSKOF,	*Pskof.*
TWER,	*Twer.*
JAROSLAW,	*Jaroslaw.*
KOSTROMA,	*Kostroma.*

D. Quelles sont les principales villes de la partie septentrionale de la Russie?

R. SAINT-PÉTERSBOURG, *capitale* de toute la

Russie , ville superbe , fondée par Pierre-le-Grand, à l'embouchure de la Néva, dans le golfe de Finlande , *port*, résidence de l'empereur ; 320,000 hab. ; à 546 l. de Paris. — REVEL, *port* sur le même golfe. — RIGA , près de l'embouchure de la Dwina. C'est la ville la plus commerçante après Saint-Pétersbourg. — NOVOGOROD-WELIKI, ou Novogorod-la-Grande , ville commerçante et *archev.* — ARCHANGEL , *év.*, ville commerçante, à l'embouchure de la Dwina dans la mer Blanche.

D. Combien la partie du centre comprend-elle de gouvernemens ?

R. Elle en comprend treize , dont voici les noms : Smolensk, Moscow , Wolodimir, Nisnei-Novogorod, Kaluga , Tula , Riazan , Tambow, Orel, Koursk, Woronez, Czernigow et l'Ukraine : tous ces noms sont ceux des capitales respectives , à l'exception du gouvernement de l'Ukraine , dont la capitale se nomme Charkow.

D. Quelles sont les principales villes de cette partie de la Russie.

R. Moscow , *arch.*, deuxième *capitale* de la Russie : cette ville fut prise par les Français en 1812 ; mais avant leur entrée, les Russes y avaient mis le feu. Il consuma la plus grande partie de cette ville, qui est aujourd'hui presqu'entièrement rebâtie. Popul. 300,000 habit. ; à 700 lieues de Paris. — SMOLENSK, *ville forte*, sur le Niéper. — KOURSK, ville assez peuplée. — NISNEI-NOVOGOROD, ou Novogorod-la-Basse, près du WOLGA.

D. Quels sont les gouvernemens de la partie du sud ?

R. Ils sont au nombre de trois, les voici ;

GOUVERNEMENS.	CAPITALES.
KIOW,	*Kiow*, sur le Niéper.
CATHERINOSLAW,	*Catherinoslaw*.
LA TAURIDE,	*Caffa*.

Le gouvernement de la Tauride est formé de la petite Tartarie et de la Crimée, presqu'île de la mer Noire ; les principales villes sont :

CAFFA, *capitale*, au sud-est sur la mer Noire. — ODESSA, ville nouvelle et commerçante, sur la mer Noire. — AKERMAN, sur la mer Noire, à l'embouchure du Niester, capitale de la Bessarabie, province enlevée aux Turcs.

D. Quels sont les gouvernemens de l'est ?

R. Il y en a sept, dont voici les noms, qui sont aussi ceux de leurs capitales respectives : Perm, Wiatha, Orembourg, Kasan, Simbirsk, Penza et Saratow.

D. Quelles sont les principales villes de cette partie de la Russie.

R. ORENBOURG, grande et *forte ville*, sur le Jaik, entrepôt de l'Asie pour le commerce. — KASAN, *év.*, à une petite distance du Wolga, ville riche et bien peuplée.

D. Quels sont les gouvernemens de la partie du sud-est ?

R. La partie sud-est renferme trois gouvernemens, savoir :

Le gouvernement des Cosaques du Don et de la mer Noire, *capitale* TCHERKASK. — D'ASTRACAN, *Astracan*. — DU CAUCASE, *Georgiensk*, *capitale* de la Géorgie russe.

D. Quelles sont les principales villes de la partie sud-est ?

R. TCHERKASK, sur le Don, ville qui fait un

assez

assez grand commerce. — ASTRACAN, *archevĕché*, dans l'île de Dolgoi, formée par le Wolga, près de son embouchure ; c'est une ville commerçante et très-peuplée.

D. Combien la partie ouest renferme-t-elle de gouvernemens ?

R. Elle en renferme neuf, dont voici les noms :

GOUVERNEMENS.	CAPITALES.
WITEPSK,	*Witepsk.*
MOHILOW,	*Mohilow.*
COURLANDE,	*Mittaw.*
WILNENSK,	*Wilna.*
GRODNENSK,	*Grodno.*
MINSK,	*Minski.*
VOLINSK,	*Zitoniers.*
PODOLIE,	*Kaminieck.*
KERSON.	*Kerson.*

D. Quelles sont les principales villes de cette partie de la Russie ?

R. KAMINIECK, *évêché, place forte.* — WILNA, *évêché*, ville grande et bien peuplée. — GRODNO, sur le bord du Niémen. — BRZESCIE, sur le Bog, ville fortifiée. — MINSKI, *ville forte*, qui a deux citadelles. — WITEPSK, *ville forte* et commerçante, sur la Dwina. — MITTAW, *ville forte*, bien bâtie et bien peuplée. — KERSON, *ville forte*, très-commerçante, avec un bon port.

ROYAUME DE POLOGNE.

D. Qu'est-ce que la Pologne ?

R. La Pologne était un ancien royaume borné au couchant, par l'Allemagne ; au midi, par la Hongrie, la Moldavie et la Transylvanie ; à l'orient, par la Russie ; et au nord par la Russie, la Prusse et la mer Baltique.

D. Quel en était le gouvernement ?

R. Le gouvernement de la Pologne était monarchique et aristocratique ; ce royaume était électif ; chaque élection donnait lieu à des troubles qui aboutirent enfin à un démembrement total du royaume, fait par les Autrichiens, les Russes et le roi de Prusse ?

D. Comment divisait-on la Pologne ?

R. La Pologne, avant les partages qu'on en a faits, était divisée en trois grandes parties : la grande Pologne, au nord-ouest ; la petite Pologne, au sud ; la Lithuanie, au nord-est. Chacune de ces parties se subdivisait en provinces ou palatinats.

D. Combien la grande Pologne renfermait-elle de palatinats ?

R. Elle en avait douze, savoir : ceux de Pomérélie, Marienbourg, Culm, Posnanie, Gnesne, Kalish, Lencieza, Siradie, Ploczko, Rava, Mazovie, Podlaquie.

D. Combien la petite Pologne avait-elle de palatinats ?

R. Elle en avait neuf : ceux de Sandomir, Lublin, Chelm, Cracovie, Belez, Lemberg, Volhinie, Podolie, Ukraine.

D. Combien y avait-il de palatinats dans la Lithuanie ?

R. La Lithuanie se divisait en dix palatinats : Courlande, Samogitie, Troki, Wilna, Polockz, Witepsk, Novogrodeck, Minsk, Mcislaw, Polésie.

D. A quelle époque la Pologne a-t-elle été démembrée ?

R. Il y a eu trois démembremens : le premier a eu lieu en 1772 ; les Russes, les Autrichiens et le roi de Prusse s'emparèrent alors des provinces qui étaient limitrophes de leurs états. En 1793 et en 1795, ils achevèrent de se partager le reste de la Pologne.

D. Quel a été le lot de chacune de ces puissances, dans les divers partages ?

R. La Russie s'est emparée du duché de Lithuanie, et d'une portion de la petite Pologne ; l'Autriche du reste de la petite Pologne, qu'elle a réuni à ses états sous le nom de Gallicie ; enfin, le roi de Prusse avait eu pour son partage la grande Pologne.

D. Les puissances co-partageantes sont-elles encore en possession des portions de la Pologne qui leur étaient échues ?

R. Le roi de Prusse a perdu, dans les dernières guerres, presque tout ce qu'il avait acquis par les partages de la Pologne : ces provinces, jointes à une partie de la Gallicie, ou petite Pologne, cédée par l'Autriche, ont formé depuis le grand duché de Varsovie, et forment aujourd'hui en partie le royaume de Pologne, qui a été donné, par l'acte du congrès de Vienne, à l'empereur de Russie, à l'exception du département de Posen, qui est passé sous la domination du roi de Prusse, avec le titre de grand duché.

D. Comment est divisé le royaume actuel de Pologne ?

R. En six départemens, non compris la Gallicie occidentale, qui en fait partie.

D. Quels sont les noms de ces six départemens ?

R. Ces départemens portent les noms de leurs chefs-lieux, qui sont Lomza, Bromberg, Kalisk, Varsovie, Ploczko, Posen qui a été donné au roi de Prusse.

D. Quelles sont les principales villes du royaume de Pologne ?

R. VARSOVIE, capitale de tout le duché, sur la Vistule ; la population excède de 80,000 habit. ; à 375 l. de Paris. — PLOCZKO, sur la Vistule.

D. Quelles sont les principales villes de la Gallicie occidentale.

R. CRACOVIE, sur la Vistule, 24,000 habit., ville qui a été déclarée libre par un acte du congrès de Vienne. — OPATOW, petite ville. — SANDOMIR, *ville* à l'embouchure du San, dans la Vistule. — LUBLIN, ville très-commerçante.

ARTICLE DIX-SEPTIEME.

DE LA TURQUIE.

D. Quelles sont les limites de la Turquie, ou empire Ottoman ?

R. Cet empire s'étend en Europe et en Asie, il est borné au nord par l'Autriche et la Russie, à l'est par la Perse, au sud par la mer Méditerranée et l'Arabie, à l'ouest par la Dalmatie, le canal d'Otrante, la mer Ionienne et la mer Méditerranée : la population de tout cet empire peut être évaluée à 19,000,000 habit. Le Grand Seigneur a aussi des possessions en Afrique et en Abyssinie. L'Egypte qui fesait aussi partie des états de ce Souverain, s'est soulevée et a proclamé hautement son indépendance.

Nous allons parler de la Turquie d'Europe ; nous décrirons la Turquie d'Asie et les possessions de l'empire Ottoman en Afrique, quand nous en serons à ces parties du monde.

DÈ LA TURQUIE D'EUROPE.

D. Qu'est-ce que la Turquie d'Europe ?

R. C'est une grande presqu'île, bornée au nord par la Russie et l'Autriche, à l'ouest par la Dalmatie, la mer Adriatique, le canal d'Otrante et la mer Ionienne ; au sud par la Livadie qui fait partie de la Grèce, le détroit des Dardanelles et la mer de Marmara, et à l'est par le canal de Constantinople et la mer Noire. L'île de Candie et les îles du nord de l'Archipel appartiennent aussi à la Turquie d'Europe. Son gouvernement est despotique, et a pour chef le Sultan appelé aussi le Grand Turc.

D. Comment se divise la Turquie d'Europe ?

R. La Turquie d'Europe se compose des dix provinces suivantes ; la Moldavie et la Valachie, la Bulgarie et la Servie, la Bosnie comprenant la partie de la Croatie qui appartient à la Turquie. L'Albanie, la Macédoine, la Roumélie et une partie de la Livadie ; enfin les îles qui en dépendent, et qui sont entre Candie, celles qui occupent, comme nous l'avons dit, toute la partie septentrionale de l'Archipel.

Ces îles sont Tasso, Samotraki, Imbro, Stalimène (autrefois Lemnos), la plus grande des quatre. La grande île de Candie d'environ 200 lieues de tour est peuplée de 240,000 hab. Cette île qui appartient aux Turcs depuis 1669, a pour capitale Candie, port fortifié sur la côte septentrionale, peuplée de 12,000 habitans. Pendant le 17me siècle, les Vénitiens, maîtres des îles, soutinrent dans cette ville un siége de 24 ans contre les Turcs.

D. Quels sont le climat, les productions, le commerce et la population de la Turquie d'Europe ?

R. La Turquie d'Europe jouit d'un climat délicieux et d'un air pur. Ce pays est montagneux, mais entrecoupé par un grand nombre de plaines, de vallons et de rivières, parmi lesquelle on distingue le Danube, la Save, le Dniester, le Dnieper, le Don et le Pénée. Le sol en est fertile, mais l'agriculture comme les autres arts y est fort négligée. Les abeilles abondent en Turquie, les mines n'y sont pas exploitées. La Thessalie offre des plaines fertiles où de gras pâturages nourrissent des chevaux estimés. La Moldavie et la Valachie produisent aussi beaucoup de chevaux. Les routes sont telles dans cet empire qu'on ne peut y voyager qu'à pied ou à cheval. Les Turcs sont très-ignorans et s'adonnent très-peu au commerce, qu'ils laissent exercer par les Grecs, les Arméniens et les Juifs. La population de cette contrée peut être évaluée à environ 9 millions d'habitans.

D. Quelles sont les villes principales de la Turquie d'Europe ?

R. Les principales sont :

Iassi, *capitale* de la Moldavie, résidence d'un gouverneur, nommé par le Sultan. — Targovist, *capitale* de la Valachie. — Buckarest, ville forte, très-peuplée et très-commerçante. — Varna, le meilleur port de la Turquie d'Europe, sur la mer Noire. — Belgrade, au confluent du Danube et de la Save, ville forte, *capitale* de la Servie. Les Autrichiens et les Turcs se la sont long-temps disputée. — Scutari, sur le lac du même nom. — Constantinople, dans la position la plus belle et la plus avantageuse de l'univers, avec un port immense, et l'un des plus sûr de l'Europe. Les européens ne peuvent habiter cette ville, et résident ainsi que les am-

bassadeurs dans le faubourg de Péra. — ANDRI-
NOPLE, sur la Mariza, seconde ville de la Turquie, qui fut la résidence des Sultans, avant la
prise de Constantinople. — SALONIQUE, sur le
golfe du même nom, ville grande, commerçante
et peuplée de 70,000 habitans. — JANINA, dans
une île et sur un lac qui porte son nom.

CHAPITRE SECOND.

DE L'ASIE.

D. Qu'est-ce que l'Asie ?

R. L'Asie est une des cinq parties du monde ;
c'est la plus anciennement civilisée et la plus
considérable par son étendue et sa population.

D. Quelles sont les bornes de l'Asie ?

R. L'Asie est bornée au nord par la mer Glaciale ; à l'est, par l'Océan oriental, partie du
grand Océan, et par le détroit de Behring, qui
la sépare de l'Amérique, au sud, par la mer des
Indes, et à l'ouest par l'Afrique et l'Europe.

D. Quelle est l'étendue de l'Asie ?

R. Sa plus grande longueur, prise de l'isthme
de Suez jusqu'au détroit de Behring, est de 2,700
lieues ; et sa largeur, de la mer Glaciale au cap
de Comorin, dans l'Inde, est de 1,500 lieues.

D. Quelles sont les plus grandes chaînes de
montagnes de l'Asie ?

R. Les plus grandes chaînes de montagnes de
l'Asie sont :

1. Le mont Taurus, qui traverse toute l'Ana-
tolié et la Perse. 2. Les monts de Pierre. 3. Les
monts Noss, au nord.

D. Comment divise-t-on l'Asie ?

R. On la divise en sept parties principales,
savoir :

1. La Turquie d'Asie. 2. L'Arabie. 3. La Perse. 4. L'Inde, qui contient l'Indostan, et les deux presqu'îles en-deçà et au-delà du Gange. 5. La Chine. 6. La Tartarie, qui comprend la Russie d'Asie. La septième partie consiste en un grand nombre d'îles.

D. Quels sont les principaux fleuves de l'Asie ?

R. Les principaux fleuves sont :

Le Tigre et l'Euphrate, qui se jettent dans le golfe Persique. L'Indus, qui se décharge au sud-ouest dans la mer des Indes. Le Gange, qui se jette au sud dans le golfe du Bengale. Le Hoang et le Kiang, qui traversent la Chine de l'ouest à l'est, et se jettent dans l'Océan oriental. L'Oby et le Jéniséa, qui se rendent dans la mer Glaciale. La Léna et l'Amur, qui se jettent dans l'Océan au nord-est de l'Asie.

ARTICLE PREMIER.

DE LA TURQUIE D'ASIE.

D. Comment divise-t-on la Turquie d'Asie ?

R. La Turquie d'Asie se divise en quatre grandes régions, chacune desquelles se subdivise en gouvernemens ou pachalicks. Les quatre grandes régions sont :

1. L'Anatolie ou Anadoli. 2. La Syrie. 3. La Turcomanie. 4. Le Diarbeck. Auxquelles il faut joindre les îles qui sont situées dans la mer Méditerranée.

§. Ier.

De l'Anatolie.

D. Comment se nommait autrefois l'Anatolie ?
R. Elle se nommait Asie mineure.

D. Qu'est-ce que l'Anatolie?

R. C'est une grande presqu'île entre la mer Noire et la Méditerranée, qui se divise en sept gouvernemens.

Les noms des gouvernemens sont :

1. Anatolie propre. 2. Sivas. 3. Trébisonde. 4. Caramanie. 5. Aladulie. 6. Adana. 7. L'île de Chypre.

D. Quelles sont les principales villes de l'Anatolie?

R. Chiutayé, *capitale* de l'Anatolie, ville considérable. — Burse, au nord, grande et belle ville. — Smyrne, à l'occident, sur l'Archipel, l'une des villes les plus grandes, les plus riches, les plus commerçantes du levant ; on la regarde comme la capitale de l'Anatolie entière ; elle a un *port* fameux. — Konieh, autrefois *Iconium*, *capitale* de la Caramanie, grande et ancienne ville. — Amasie, vers la mer Noire, dans le Sivas. Le géographe Strabon y est né. — Sivas, au sud-est d'Amasie, *capitale* du Sivas, résidence du pacha. — Trébisonde, ville grande et mal peuplée. — Malathia, dans l'Adulie, sur la rivière d'Arzu.

Les rivières de Granique et de Pactole, de Simoïs, de Xanthe ou du Scamandre, coulent dans l'Anatolie. La Paphlagonie, le Pont, la Phrygie, et plusieurs autres provinces grecques étaient dans l'Anatolie. L'antique Ephèse n'est plus aujourd'hui qu'un village qui laisse voir à peine quelques restes dispersés de son ancienne grandeur.

§. II.

De la Syrie.

D. Comment divise-t-on la Syrie?

R. Elle se divise du nord au sud en Syrie propre, Phénicie et Judée.

D. Quelles sont les principales villes de la
Syrie ?

R. ALEP, au milieu des terres, grande ville,
très-peuplée et très-commerçante, la troisième
ville de l'empire ottoman ; les Français, les Anglais et les Hollandais y ont un consul ; *capitale*
de la Syrie proprement dite. Popul. 80,000 hab. ;
à 850 l. de Paris. — DAMAS, vers l'orient, résidence du pacha ; ville très-ancienne et située
dans une plaine, au pied du Mont-Liban. C'est
la capitale de la Phénicie. — TRIPOLI, ville et
port, sur la mer Méditerranée. — JÉRUSALEM,
ville célèbre par les grands mystères du christianisme qui s'y sont opérés, capitale de la Judée.
— GAZA, *port*, sur la Méditerranée.

§. III.

De la Turcomanie.

D. Qu'est-ce que la Turcomanie ?

R. C'est une grande province où se trouvent
les sources de l'Euphrate et du Tigre. La partie
occidentale qui est la plus considérable obéit aux
Turcs. La partie orientale est sous la domination
des Russes, qui l'ont réunie à la Géorgie. La
Turcomanie est l'ancienne Arménie. C'est sur les
montagnes de ce pays que s'arrêta, dit-on, l'arche
de Noé, c'est aussi dans ce pays que quelques
auteurs placent le paradis terrestre.

D. Quelle est la principale ville de la Turcomanie ?

R. ERZEROUM, près la source de l'Euphrate,
dans une plaine, au pied d'une chaîne de montagnes : pop. 130,000 hab.

§. IV.

Du Diarbeck.

D. Comment divise-t-on le Diarbeck?

R. Il se divise en Diarbeck propre, à l'ouest, qui est l'ancienne Mésopotamie. — Yrac-Arabi, au sud, qui est la Chaldée des anciens.

D. Quelles sont les principales villes du Diarbeck?

R. DIARBÉKIR, *capitale* du Diarbeck propre, sur le Tigre, en face de l'ancienne Ninive. — BASSORA, un peu au-dessous du confluent du Tigre et de l'Euphrate, ville célèbre et autrefois puissante. — MOSUL, sur le Tigre, presque ruinée. — BAGDAD, sur le Tigre, *capitale* de l'Yrac-Arabi, et l'une des villes les plus considérables de l'orient.

§. V.

Des îles de la Turquie d'Asie.

D. Quelles sont les îles les plus remarquables de la Turquie d'Asie?

R. Les plus remarquables de ces îles, situées dans la Méditerranée, sont:

1. Chypre, entre l'Anatolie et la Syrie. 2. Rhodes, près de la côte méridionale de l'Anatolie.

D. Quelles en sont les principales villes?

R. NICOSIE, *capitale* de l'île de Chypre. — FAMAGOUSTE, *ville forte* et épiscopale, avec un port, dans la même île. — RHODES, *capitale* de l'île de ce nom, belle et *forte ville*.

ARTICLE SECOND.

DE L'ARABIE.

D. Qu'est-ce que l'Arabie?

R. C'est une grande presqu'île, bornée à l'occident par la mer Rouge et l'isthme de Suez, qui la sépare de l'Afrique; au midi, par la mer des Indes; à l'orient, par le golfe Persique et l'Yrac-Arabi; et au nord, par la Syrie et le Diarbeck, dont elle est séparée par l'Euphrate.

D. Quelles sont les productions de ce pays?

R. Ce pays, qui est très-sec, produit de l'encens, du baume et du café excellent.

D. Comment divise-t-on l'Arabie?

R. L'Arabie se divise en trois parties, du nord au sud. 1. Arabie pétrée. 2. Arabie déserte. 3. Arabie heureuse.

D. Quelles sont les principales villes de l'Arabie?

R. Tor, *port*, sur la mer Rouge, principale ville de l'Arabie Pétrée. — Médine et La Mecque, *capitales* des états des schérifs de ce nom, dans l'Arabie déserte: la première a le tombeau de Mahomet, et la seconde est le lieu de sa naissance. — Moab, *capitale* du royaume d'Yémen, dans l'Arabie heureuse. — Moka, célèbre par l'excellent café de ce nom. — Fartash, au sud, *capitale* du royaume de ce nom. — Mascate, *port*, à l'orient: elle dépend d'un prince qui prend le nom de Calife. — Elcatif, *port*, sur le golfe Persique.

ARTICLE TROISIEME.

DE LA PERSE.

D. Qu'est-ce que la Perse?

R. Un royaume fort ancien, qui est borné à l'occident, par le Diarbeck ; au nord, par la Géorgie, la Circassie, la mer Caspienne et le pays des Usbecks ; à l'orient, par l'Inde ; et au midi, par le golfe Persique et la mer des Indes. Le Mont-Taurus la coupe par le milieu. Le voisinage de la zone torride y rend l'air fort chaud. Elle offre de vastes plaines, sans eau, des endroits montagneux et des vallées fertiles. Ce royaume, en proie depuis long-temps à des guerres civiles, ne renferme pas plus de 6,000,000 d'ames. Son étendue est de 500 lieues d'orient en occident, et de 400 du midi au nord ; elle a des mines de pierres précieuses ; l'on pêche des perles sur ses côtes.

D. Quelles sont les productions de la Perse?

R. La Perse produit d'excellens fruits, du vin, du riz, etc. : on en tire beaucoup de soie et de fort belles toiles peintes.

D. Comment divise-t-on la Perse?

R. Vers la fin du siècle dernier, la Perse, en proie à de sanglantes révolutions, fut divisée en deux royaumes bien distincts (et c'est l'état où elle se trouve aujourd'hui). La Perse, proprement dite, à l'occident, et le royaume de Caboul, à l'orient.

D. Comment se nomme le roi de Perse proprement dite ?

R. Il prend le titre de Sophi ou de Schah.

D. Dites-nous quelque chose sur la Perse proprement dite ?

R. Téhéran, *capitale* et résidence du roi, est une ville située dans la province de Mazaderau, sur le Jageron. Elle renferme 160,000 habitans. — Ispahan, ancienne capitale de la Perse, était une des plus grandes et des plus florissantes cités de l'orient; elle avait huit lieues de tour, et l'on y comptait plus d'un million d'habitans. Les révolutions qui ont agité la Perse l'ont couverte de décombres en plusieurs endroits; on y trouve de vastes emplacemens couverts de ruines; à 1,177 l. de Paris. — Tauris est une ville importante par son commerce, sa grandeur, sa richesse et sa beauté. Ce fut autrefois le séjour des rois de Perse. — Bender-Abassy ou Gomron, ainsi que les précédentes, est une ville très-commerçante. Sur l'emplacement de l'ancienne ville de Persépolis, à quatre lieues de Schibas on trouve encore des débris du magnifique palais de Darius. La religion du royaume de Perse est celle de Mahomet.

D. Dites-nous quelque chose du royaume de Caboul?

R. Ce nouvel état a pour capitale Caboul, ville qui lui donna son nom. La ville de Caboul est située entre Lahor et Samarcande. Le royaume de Caboul est borné au nord, par la Tartarie indépendante; à l'est, par l'Indostan; au sud et à l'ouest, par la Perse. Cet état étant formé des débris de différens royaumes, ses frontières ne sont pas parfaitement déterminées; on y remarque les villes de Cachemire, de Péichyor et de Candahar. — Cachemire est une grande ville, sur une rivière, capitale de la province de ce nom; c'est dans ses environs que se fabriquent, avec du poil de chèvres, ces schalls qui se paient chez nous au poids de l'or. — Péichyor, ville située à quarante lieues de la capitale, assez considérable. — CANDAHAR, ville placée sur la grande route qui va de l'Inde en Perse et en Tartarie, est riche et peuplée; c'est la capitale de la province de ce nom.

ARTICLE QUATRIEME.

DE L'INDE.

D. Qu'est-ce que l'Inde?

R. L'Inde est une vaste contrée, qui a reçu son nom du fleuve Indus ou Sinde, et qui se divise en deux parties, savoir :

1º L'Indostan, ou la presqu'île en-deçà du Gange, appelée aussi Inde occidentale. 2º La presqu'île au-delà du Gange, ou Inde orientale.

D. Quelles sont aujourd'hui les principales puissances de l'Indostan ?

R. Les trois principales puissances de l'Indostan sont : la *Compagnie anglaise des Indes*, les *Marattes*, le *Nisam* ou *Soubah du Dékan* et les *Seiks*.

Etats des Seiks.

D. Quelles sont les bornes de cet état?

R. Il est borné au nord par des montagnes situées vers le Thibet et la province de Cachemire ; à l'est, par le Gemmeh, jusqu'auprès de Delhi ; au sud, par le désert de Résistan, et à l'ouest, par l'Indus.

D. Quelles sont les principales villes des états des Seiks ?

R. LAHOR, *capitale*, grande et belle ville, où résidaient autrefois les Mogols, dont l'empire est détruit. — SEMANAH, ville assez considérable. — MOULTAN, fameuse par les arcs qu'on y fabrique.

Marattes.

D. Comment divise-t-on les Marattes?

R. On les divise en occidentaux et orientaux.

D. Quelles sont les principales villes des Marattes occidentaux?

R. Pounah, *ancienne capitale.* — Amadabad, ville peuplée et commerçante, *capitale* du Guzarat. — Cambaye, Surate, vers l'entrée du golfe de Cambaye. Les Anglais ayant la citadelle de Surate, on peut les regarder comme maîtres de la ville. Les Anglais possèdent aujourd'hui Delhi et Agra, villes autrefois sous la domination des Marattes.

D. Quelles sont les principales villes des Marattes orientaux?

R. Negpour, *capitale.* — Visapour, ville considérable, qui a dans son voisinage des mines de diamans, autrefois *capitale* d'un royaume de ce nom. — Katek, port sur le golfe de Bengale, auprès de la fameuse Pagode, ou temple de Jagrenat.

Possessions anglaises.

D. Comment se divisent les possessions anglaises dans l'Inde?

R. Les possessions anglaises peuvent se diviser en quatorze provinces : 1° le Bengale; 2° le Bahar; 3° le Bénarez; 4° les Circars, ou cinq provinces situées entre la côte d'Orixa et celle de Coromandel, dont voici les noms: Cicoale, Raja-Mondry, Ellore, Condapilly et Gountour; 5° le Carnate; 6° le Tanjaour; 7° le Maduré: les provinces suivantes formaient les états de Tipoo-Saëb, qui sont actuellement possédés par les Anglais, savoir : 8° le Travancore; 9° le Calicut, ou pre-

vince des Naïrs ; 10° le Dindigul ; 11° le Coïm-
bettore ; 12° le Canara ; 13° le district de Goa ;
14° enfin le **district de Bombay.** Quant au royaume de Mysore, il est gouverné par un rajah,
tributaire des Anglais.

D. Quelles sont les principales villes des possessions anglaises dans l'Inde ?

R. CALCUTTA, sur le bras occidental du Gange,
ville principale du Bengale et de toutes les possessions anglaises : le gouverneur général de l'Inde
y réside. On y comte 500,000 ames. — OUGLY,
CHANDERNAGOR (1), aussi dans le Bengale. Les
Français ont un comptoir à Chandernagor. —
MASULIPATAN, ville autrefois très-florissante, mais
très-déchue de sa prospérité, dans le Circar de
Condapilly. — PALIACAT, dans le Carnate, sur la
côte orientale de la presqu'île en-deçà du Gange,
qu'on nomme côte de Coromandel. Paliacat était
aux Hollandais. — MADRAS, ville très-grande et
très-peuplée, aussi dans le Carnate, et d'où s'ex-
porte une quantité immense de tissus de soie et
de coton que l'on fabrique principalement à Masulipatan. On y compte 300,000 habitans. —
PONDICHÉRY, TRANQUEBAR, dans la même province. Les Français ont un établissement à Pondichéry. — NÉGAPATAN, dans le Tanjaour, *port
et place forte*, était aux Hollandais. — MADURÉ,
capitale de la province de ce nom. — TUTUCURIN,
sur la côte, dans la même province, était aux
Hollandais. — COCHIN, dans le district de ce
nom, ville considérable qui appartenait aux Hollandais. — CALICUT, dans la province de ce nom,
avec un excellent port sur la côte de Malabar. —
MANGALOR, *capitale* du Canara. — BARCELORE et

(1) En vertu du traité de paix de 1814, Chandernagor et
Pondichéry ont été rendus à la France.

Onore, dans la même province. — Seringapa-
tam, dans le Mysore, était la capitale des états
de Tipoo-Saëb, vaincu et mort en 1799. — Bombay, avec un excellent port. — Surate, ville fameuse par son immense commerce. — A 40 mille
des possessions anglaises, est située la ville de
Goa, *archev.*, *port* : elle appartient aux Portugais.

États du Soubah du Dékan.

D. Quelles sont les principales villes du Dékan ?

R. Hyderabad, ou Bagnagour, *capitale*, ville
commerçante et fort peuplée. Golconde, *forteresse*, qui a près de deux lieues de tour, dans
l'ancien Etat de ce nom, si célèbre par ses mines
de diamans.

De la presqu'île au-delà du Gange, ou orientale.

D. Comment divise-t-on la presqu'île au-delà
du Gange ?

R. On peut la partager en trois parties principales :

1. La partie occidentale, qui comprend du
nord au sud les royaumes d'Aracan, d'Ava et de
Pégu, formant ce qu'on appelle l'empire de Birman, depuis 1754. 2. La partie orientale, qui
renferme la Cochinchine, le royaume de Laos et
de Tunquin. 3. La partie méridionale, qui comprend la presqu'île de Malaca, et le royaume de
Camboge.

Partie occidentale ou *empire Birman.*

D. Quelles sont les principales villes de l'empire Birman ?

R. Ummérapoura, sur l'Irraouaddy, *ou* rivière
d'Ava, *capitale* de l'empire Birman. — Rangouon,

port principal. — SYRIAM, avec un comptoir anglais. — ARACAN, jadis *capitale* du royaume de ce nom. — AVA, anciennement *capitale* du royaume du même nom, ville tombée en ruines. — PÉGU ou PÉGOU, *capitale* de l'ancien royaume de ce nom.

Partie orientale.

D. Quelle est la ville principale de la partie orientale ?

R. HUÉ ou KEHUÉ, *capitale* de la Cochinchine. Ce pays extrêmement fertile est tributaire de la Chine, ainsi que le Tunquin. — LENG, *capitale* du Laos, sur le Méçon. — KECHO, *capitale* du Tunquin, dont les habitans ont beaucoup de rapport avec les Chinois.

D. Quelles sont les principales villes de la partie méridionale ?

R. SIAM, *capitale* du royaume de ce nom, sur le golfe de Siam. La partie occidentale de ce royaume a été récemment conquise par les Birmans. C'est, comme la Basse-Egypte, une grande vallée arrosée par le Ménan. La religion de cette contrée, comme celle de toute la presqu'île orientale, et même de la Chine, est celle de *Boudha*; ses prêtres sont appelés *Talapoins* à Siam, et *Bonzes* à la Chine. CAMBOGE, *capitale* du royaume de même nom, qui est arrosé de même que le Laos par le fleuve Méçon, au Camboge. — MALACA, aux Hollandais, *port*, dans la presqu'île du même nom, vis-à-vis l'île de Sumatra.

ARTICLE CINQUIEME.

DE LA CHINE.

D. Qu'est ce que la Chine ?

R. La Chine est un ancien et vaste empire dont

le gouvernement est despotique, mais paternel.
Il est très-peuplé, fertile et bien cultivé ; ses habitans sont ingénieux, et sa police admirable. On
évalue sa population à 180 millions d'ames.

D. Quelles sont les bornes de la Chine ?

R. La Chine est bornée au nord, par la Tartarie, dont elle est séparée par une ancienne muraille qui a quatre cent cinquante lieues de long ;
à l'occident, par de hautes montagnes et des déserts ; au midi, par les royaumes de Tunquin,
de Laos et de Cochinchine, et par l'Océan qui la
borne aussi à l'orient.

D. Quelles sont les principales rivières de la
Chine ?

R. Les principales rivières de la Chine sont le
Hoang ou rivière jaune, et le Kiang ou rivière
bleue.

D. Comment la Chine se divise-t-elle ?

R. Le fleuve Kiang la divise en deux parties,
septentrionale et méridionale. La première contient six provinces, de l'ouest à l'est ; la seconde
contient neuf provinces. Ces provinces renferment
ensemble, dit-on, 4,000 villes murées, la plupart grandes et peuplées.

D. Quelles sont les six provinces de la partie
septentrionale ?

R. 1. Le Chensi. 2. Le Chansi. 3. Le Petchelie.
4. Le Changtong. 5. Le Setchuen, à l'occident.
6. Le Honang, au milieu.

D. Quelles sont les neuf provinces de la partie
méridionale ?

R. 1. Le Kiangnan, ou Nankin, à l'orient. 2. Le
Houquang, au milieu. 3. Le Kiangksi. 4. Le Chekian. 5. Le Fokien, au sud-est. 6. Le Quantong.
7. Le Quangsi, au sud. 8. Le Queicheou. 9. Le
Younan, au sud-ouest. Au nord-est se trouve le

royaume de Corée , qui est tributaire de la Chine.

§. Ier.

Des provinces septentrionales.

D. Quelles sont les principales villes de la partie septentrionale ?

R. Singnan, *capitale* du Chensi. — Tayven, *capitale* du Chansi. — Pékin, *capitale* de tout l'empire de la Chine et du Petcheli, résidence de l'empereur, qui est Tartare d'origine, depuis que la Chine fut conquise par les Tartares vers le milieu du 17e siècle. Cette ville renferme un million d'habitans ; à 1,870 l. de Paris par terre, et 5,000 l. par mer. Un peu au nord, on trouve la *grande muraille* , qui sépare la Chine de la Tartarie Chinoise. — Tsinan, au sud-est de Pékin , *capitale* du Changtong. — Tchington, sur le Kiang, *capitale* du Setchuen. — Caifong, sur le fleuve Honan, *capitale* du Honan.

§. II.

Des provinces méridionales.

D. Quelles sont les principales villes de la partie méridionale ?

R. Nankin, *capitale* du Kiangnan , presqu'à l'embouchure du Kiang, seconde ville de la Chine. C'est de là que s'exportent les toiles de ce nom. On y voit la fameuse tour de porcelaine à neuf étages, *port.* — Voutchan , sur le Kiang, *capitale* du Houquang. — Nantchang, *capitale* du Kiangsi. — Hangtcheou, *capitale* du Chekian. — Foutcheou, *capitale* du Fokien. — Taïouan, *capitale* de l'île de Formose, grande île vis-à-vis le Fokien. — Quangtcheou, *port* , *capitale* du

Quangtong, dont dépendent les îles de Hainan, qui ont pour *capitale* Kuntcheou, et Macao, qui a pour *capitale* Macao, aux Portugais. — Queiling, *capitale* du Quangsi. — Queyan, *capitale* du Queicheou. — Yunnan, *capitale* de l'Yunnan ou Younan.

ARTICLE SIXIEME.

DE LA GRANDE TARTARIE.

D. Qu'est-ce que la grande Tartarie ?

R. La grande Tartarie est une vaste région de l'Asie, qui s'étend au nord, depuis la Turquie d'Asie, la Perse, l'Inde et la Chine, jusqu'à la mer Glaciale.

D. Comment divise-t-on la grande Tartarie ?

R. Elle se divise en trois parties, dont les deux premières sont au midi, savoir :

1. La Tartarie chinoise. 2. La Tartarie indépendante. 3. La Tartarie russe, ou la Russie asiatique, occupe tout le nord.

§. Ier.

De la Tartarie chinoise.

D. Où est située la Tartarie chinoise ?

R. Elle est située à l'orient de la Tartarie indépendante, et séparée de la Chine par la grande muraille.

D. Comment partage-t-on la Tartarie chinoise ?

R. On la partage en partie orientale et partie occidentale. La partie orientale est appelée le pays des Mantchoux ou Nyuches, et comprend le Léaoton ; la partie occidentale se nomme pays de Mongols ou Mugales, dont il y a de deux sortes : les Mongols noirs, qui sont tributaires de la Chine, et les Mongols jaunes, qui sont sous sa protection. Les seconds n'ont pas de villes remarquables. La partie occidentale renferme le pays des Eleuths et le Thibet.

D. Quelles sont les principales villes de la Tartarie chinoise?

R. Mukden, *capitale* des Tartares Mantchoux. — Tzè-Hol, ville considérable, où l'empereur de la Chine passe une partie de l'année. — Kirin, *capitale* d'un gouvernement de ce nom, sur le Songari, ou Singal. — Titcicar, *capitale* d'un gouvernement du même nom, ville nouvellement bâtie. — Ningouta, d'où est sortie la dynastie actuelle des empereurs de la Chine.

Pays tributaires de la Chine.

D. Quels sont les pays tributaires de la Chine?

R. Ces pays, qui faisaient autrefois partie de la Tartarie indépendante, sont: 1° celui des Eleuths ou Calmoucks; 2° le Thibet ou Boutan.

Eleuths.

D. Où sont situés les états des Eleuths?

R. Ils sont situés à l'extrémité occidentale de l'Empire chinois?

D. Quelles en sont les principales villes?

R. Cialis, *capitale*, au sud-est. — Turfan, *capitale* du pays du même nom. — Yarkand, Cashgar, Cotun, principales villes de la petite Bucharie.

Thibet.

D. Qu'est-ce que le Thibet?

R. Le Thibet est un pays considérable, situé au milieu des Eleuths.

D. Quelle en est la principale ville?

R. Lassa, *capitale*.

D. Quels sont les autres états tributaires de la Chine ?

R. Ces états sont : 1º le royaume de Corée ; 2º les îles de Lequeyo, à l'orient. — Kingkitao, *capitale* du premier. — Lieou-Kieou est la principale des îles. — Lequeyo, Kien-Tching en est chef-lieu.

§. II.

Tartarie indépendante.

D. Quelles sont les bornes de la Tartarie indépendante ?

R. Cette partie de la Tartarie est bornée au nord par la Tartarie russe, au midi par les Indes, à l'occident par la mer Caspienne, à l'orient par la Tartarie russe et l'Empire chinois.

D. Quelles sont les principales villes de la Tartarie indépendante ?

R. Samarcand, entre le Gihon et le Sir, *capitale*. — Balck, au sud, près du Gihon. — Bochara, sur le Gihon à l'ouest du Samarcand, dans la grande Bucharie, ou pays des Usbeks. — Anderab, *capitale* du Turkestan.

§. III.

De la Russie asiatique ou Tartarie russe.

D. Où est située la Russie asiatique ?

R. Au nord de la Turquie asiatique et de l'Empire chinois ; elle comprend la Géorgie, la Circassie et la Sibérie ; cette dernière se divise en deux gouvernemens : ceux de Tobolsk et d'Irkusk.

D. Quelles sont les principales villes de la Tartarie russe ?

R. Teflis, *capitale* de la Géorgie, province située

située entre le Caucase, la mer noire et la mer Caspienne. — AKALZIKÉ, *forteresse* dans la même province. — TERKI, près la mer Caspienne. — TAMAN, sur le détroit de Caffa dans la Circassie. — TOBOLSK, *archevêché, capitale* du gouvernement de son nom et de la Sibérie. Cette ville est au confluent du Tobol et de l'Irtis, et peut être considérée comme la capitale de la Sibérie. — IÉNISEISK, sur le Iéniséa, assez grande ville. — IRKUTSK, sur l'Angara, *capitale* du gouvernement de ce nom. — LAKOUTSK, sur la Léna, au nord-ouest. — NERSINSK ou NIPCHOU, sur l'Amur, à l'est. — KAMSTSCHATKA, *port*, au milieu environ d'une grande presqu'île de ce nom. La Sibérie est un pays couvert de déserts marécageux au nord, et de vastes forêts au midi. L'hiver y dure neuf à dix mois, et le froid y est d'une rigueur extrême. Elle est principalement habitée par des tribus nomades ou errantes, telles que les Kalmoucks, les Samoyèdes, les Ostiakes, les Tungouses, etc.

ARTICLE SEPTIEME.

DES ILES DE L'ASIE.

D. Quelles sont les principales îles de l'Asie?

R. Les îles de l'Asie peuvent se partager en sept groupes d'îles, auxquelles on peut joindre l'île de Ceylan.

D. Où sont situées ces îles?

R. De ces groupes d'îles, six sont du nord au sud, savoir:

1. L'Archipel d'Iesso. 2. Les îles du Japon. 3. Les îles Mariannes. 4. Les Philippines ou Manilles. 5. Les Moluques. 6. Les îles de la Sonde.

Le septième groupe d'îles est au sud-ouest de

la presqu'île occidentale de l'Inde ; ce sont : les Maldives, Ceylan, au sud-est.

D. En quoi consiste l'Archipel d'Iesso ?

R. L'Archipel d'Iesso est composé des deux grandes îles de Tchoka et de Chica, séparées de la côte de Tartarie par un détroit appelé Manche de Tartarie. Elles sont presque désertes. — L'île des Etats, à l'est de la précédente.

D. Quelles sont les principales îles du Japon ?

R. Les îles du Japon forment un empire puissant, dont la population est, dit-on, de 30 millions d'ames. Les principales de ces îles sont :

Niphon, Kiusiu et Sikof, ou Tonsa. — IEDO, *capitale* de l'île de Niphon et de tout le Japon, *port*, résidence du Kubo, c'est-à-dire, de l'empereur temporel, idolâtre. — MÉACO, résidence du Dairo ou empereur spirituel, aussi idolâtre. — NANGASACKI, *capitale* de Kiusiu, et le seul port où les Européens puissent aborder pour faire le commerce. — TONSA, au sud, *capitale* de Sikof ou Tonsa.

D. Quelle est la principale des îles Mariannes ?

R. C'est l'île de Guahan ; elle appartient, ainsi que les autres, aux Espagnols.

D. Quelles sont les principales îles Philippines, ou Manilles ?

R. Manille ou Luçon, dont la capitale est MANILLE. — Mindanao, dont la capitale est MINDANAO.

D. Quelles sont les principales îles des Moluques ?

R. L'île de CÉLÈBES, ou MACASSAR. — AMBOINE et BANDA sont à l'est de Macassar ; Amboine est célèbre pour le clou de girofle, et Banda pour la muscade.

D. Quelles sont les principales îles de la Sonde ?

R. BORNÉO, une des plus grandes du monde et peu connue. L'intérieur est habité par des hommes féroces. Les Anglais y ont quelques établissemens. — SUMATRA, dont la longueur est d'environ trois cents lieues. Elle est traversée par une chaîne de hautes montagnes qui renferment des volcans. — ACHEM, *capitale* du royaume de son nom, située au nord, avec un excellent port ; PADANG, établissement anglais, et BENCOULEN, aux Hollandais, en sont les principales villes. — JAVA, à peu près de la même longueur que la précédente. Là, sur la côte du nord, est située la fameuse ville de BATAVIA, chef-lieu des établissemens hollandais aux Indes. C'est le séjour le plus malsain du monde. Entre les deux dernières îles est le fameux détroit de la Sonde. Ces îles produisent beaucoup d'épicerie.

D. Où sont situées les Maldives ?

R. Les Maldives forment une espèce de ligne en-deçà et au-delà de l'équateur, et sont au sud-ouest de la presqu'île occidentale de l'Inde. Elles sont au nombre de 10 à 12 mille.

D. Quelle en est la principale ?

R. L'île de Male, laquelle n'a cependant qu'une lieue de tour.

D. Où est situé l'île de Ceylan ?

R. L'île de Ceylan est au sud-est de la presqu'île en-deçà du Gange.

D. Quelle est la principale ville de l'île de Ceylan ?

R. CANDY, *capitale* du royaume de ce nom, au milieu de l'île. Toute l'île appartient aux Anglais qui, depuis quelques années, en ont fait la conquête.

CHAPITRE TROISIEME.

DE L'AFRIQUE.

D. Qu'est-ce que l'Afrique ?

R. L'Afrique est une des cinq parties du monde. Elle forme une grande presqu'île, qui n'est jointe au continent d'Asie que par une langue de terre, appelée isthme de Suez : elle est séparée de l'Europe par le détroit de Gibraltar et la mer Méditerranée.

D. Quelle est l'étendue de l'Afrique ?

R. Elle a 1800 lieues de longueur, sur 1600 de large.

D. Quels sont les principaux caps de l'Afrique ?

R. Elle a trois fameux caps, savoir : le cap Vert, à l'ouest ; le cap de Bonne-Espérance, au sud ; et le cap Guardafui, à l'est.

D. Quelles sont les principales montagnes de l'Afrique ?

R. Le mont Atlas, au nord, qui traverse toute la Barbarie, de l'ouest à l'est. Les monts de la Lune au S. O. de l'Abyssinie, et le Lupata, dans la Guinée.

D. Comment divise-t-on l'Afrique ?

R. L'Afrique peut se diviser en trois parties générales :

I. La partie du nord, qui contient l'Egypte, à l'orient ; la Barbarie, à l'occident, et le Sahara, ou Grand-Désert, au midi de la Barbarie.

II. La partie du milieu, qui renferme de l'ouest à l'est la Guinée, la Nigritie, la Nubie, et l'Abyssinie.

III. La partie du midi, qui comprend le Congo, à l'occident ; la Cafrerie pure, qui s'étend jusqu'au cap de Bonne-Espérance, et la Cafrerie

mélangée, qui renferme les côtes de Zanguebar,
et d'Ajan. A ces dix parties, contenues dans les
trois parties générales, il faut ajouter les îles.

D. Quels sont les principaux fleuves de l'A-
frique?

R. Ses principaux fleuves sont : le Nil, qui se
jette dans la Méditerranée, après avoir traversé
l'Egypte du midi au nord-est; il fertilise par des
débordemens annuels et périodiques les pays qu'il
parcourt. Le Sénégal, qui se jette dans l'Océan
à l'ouest. Le Niger, qui traverse la Nigritie, de
l'ouest à l'est, et se décharge dans un lac aux environs de Bornou. Le Zaïre, qui arrose le Congo,
au nord, et se jette dans l'Océan, à l'ouest. Le
Zambèse, ou Cuama, qui se décharge à l'orient
dans le golfe de Sofala.

ARTICLE PREMIER.

DE L'ÉGYPTE.

D. Qu'est-ce que l'Égypte?

R. C'est un pays très-fertile, quoique sablo-
neux; il est situé au nord-est de l'Afrique. Elle
était sous la dépendance de la Porte-Ottomane,
mais le Pacha quelle y envoie a fait reconnaître
son indépendance par la Porte, à laquelle il ne
paye plus qu'un léger tribut pour de nouvelles
provinces que son fils a conquises en 1833.

D. Comment divise-t-on l'Égypte?

R. On la divise en trois parties : 1. La Haute-
Egypte *ou* Saïd, au sud. 2. Celle du milieu. 3. Et
la basse *ou* Delta, au nord.

D. Quelles sont les principales villes de l'E-
gypte?

R. GIRGÉ, *capitale* de la Haute-Egypte. — As-
suan ou Syene, à peu de distance du tropique

du Cancer, et auprès des cataractes du Nil. — Coséir, *port* sur la mer Rouge. — Le Caire, sur le Nil, *capitale* de l'Egypte, du milieu de toute l'Egypte, résidence du pacha ou gouverneur pour le Grand-Seigneur : pop. 300,000 habit. ; à 789 l. de Paris. — Suez, qui donne le nom au fameux isthme qui joint l'Afrique à l'Asie. — Alexandrie, *port* sur la Méditerranée, *capitale* de la Basse-Egypte. — Rosette, Damiette, aux deux embouchures du Nil.

ARTICLE SECOND.

DE LA BARBARIE.

D. Comment divise-t-on la Barbarie ?

R. On peut la partager en quatre parties, savoir : la régence de Tripoli, la régence de Tunis, la régence d'Alger et l'empire de Maroc, dont dépend le royaume de Fez et le Bilédulgérid, ou pays des dattes.

D. Quelles sont les principales villes de la Barbarie ?

R. Derne, *capitale* du pays de ce nom. — Tripoli, *capitale* de la régence de Tripoli, *port* sur la Méditerranée. — Tunis, *port*, *capitale* de la régence de Tunis, bâtie près des ruines de Carthage. — Alger, *port*, *capitale* de la régence de ce nom. Ses habitans s'adonnaient à la piraterie. Cette ville fut plusieurs fois bombardée sans succès. Ce n'est qu'en 1830 que les Français sont parvenus à s'en emparer, ils ont fait de la régence une colonie qu'ils exploitent. — Oran, Marzal-quivir, *ports et villes fortes* de la régence d'Alger. — Maroc, *capitale* de l'empire de Maroc. — Fez, *capitale* du royaume du même nom. — Larache, Salé, *ports*, sur l'Océan.

D. Que comprend le Bilédulgérid ?

R. Il comprend, de l'ouest à l'est, plusieurs pays, dont voici les villes principales :

Sus, ou Tarudan, *capitale* du royaume de Sus. — Tafilet, *capitale* du royaume de Tafilet, sur la rivière du même nom. — Sijilmessa, *capitale* de la province du même nom. Le Tegorarain et le Zab, qui suivent d'occident en orient, n'ont pas de villes remarquables. — Le Zab est habité par les Berbers, qui sont les plus anciens habitans de la Barbarie. Le reste de la Barbarie est peuplé par des Arabes.

ARTICLE TROISIÈME.

DU SAHARA ou DÉSERT DE BARBARIE.

D. Qu'est-ce que le Sahara ?

R. C'est un désert immense, entièrement stérile et couvert de sables mouvans. Il est principalement peuplé de bêtes féroces. Vers la partie ouest, voisine de l'Océan, on trouve quelques peuplades pauvres et inhospitalières, qui recueillent la gomme dans les forêts de gommiers que l'on trouve en quelques endroits, et la portent au Sénégal.

ARTICLE QUATRIÈME.

DE LA GUINÉE.

D. Qu'est-ce que la Guinée ?

R. Une vaste contrée qui s'étend le long des côtes occidentales de la partie du milieu de l'Afrique : elle est habitée par des nègres.

D. Comment divise-t-on la Guinée ?

R. La Guinée peut se partager en septentrionale et méridionale.

D. Que comprend la Guinée septentrionale?

R. La Guinée septentrionale, ou Sénégambie, qui est entre les rivières de Sénégal et de Gambie, n'a pas de villes considérables : on y remarque seulement les royaumes d'Ouale ou de Brac, des Foules ou de Galam. Dans le premier, les Français possèdent l'île Saint-Louis, et auprès du Cap-Vert et au sud-ouest, l'île de Gorée.

D. Comment divise-t-on la Guinée méridionale?

R. La Guinée méridionale se divise en : Malaguette, Guinée propre et royaume de Benin.

D. Que contient la Malaguette?

R. La Malaguette a plusieurs petits royaumes; dans celui de Sanguin on remarque LE PETIT-DIEPPE, *port*. A l'extrémité septentrionale, est le pays de Sierra-Leone, ainsi nommé des montagnes voisines, où il y a beaucoup de lions.

D. Comment divise-t-on la Guinée propre ?

R. La Guinée propre se divise en Côtes-des-Dents, parce qu'on y trouve beaucoup d'ivoire qui vient des dents d'éléphans, et Côte-d'Or, parce qu'on y ramasse de la poudre d'or.

D. Quelles sont les principales villes de la Guinée propre ?

R. La Côte-des-Dents n'a pas de villes remarquables : celles de la Côte-d'Or sont :

LA MINE, au sud, *place forte* et *port*. — CABO-CORSO, *port*, aux Anglais. — CHRISTIANSBOURG, *port*, aux Danois.

D. Quelles sont les principales villes du royaume de Benin ?

R. BENIN, *capitale* sur la rivière de Benin. — OWARE, *capitale* du royaume du même nom, qui dépend du Benin. — JUDA et ARDRA, *capitales* des deux petits royaumes du même nom, à l'ouest de Benin, qui furent conquis par un prince puissant et guerrier, et qui forment aujourd'hui, avec quelques contrées voisines, l'Empire DAHOMAN, appelé aussi *royaume de Dahomay.*

ARTICLE CINQUIEME.

DE LA NIGRITIE ou SOUDAN.

D. Où est située la Nigritie?

R. La Nigritie, ou pays des Nègres, est à l'orient et au nord de la Guinée.

D. Comment divise-t-on la Nigritie?

R. Ce pays se partage en plusieurs états arabes, dont les plus connus sont de l'ouest à l'est, ceux de Tombuctou. — Houssa. — Bournou. — Ouàngara et Dar-Koulla.

D. Quelles sont les principales villes de la Nigritie?

R. BAMBOUC et SONGO, principales habitations des Mandingues, peuples doux et laborieux. — TOMBUT, ou TOMBUCTOU, *capitale* du royaume de ce nom. — BOURNOU, *capitale* du royaume de ce nom, appelé Karné par M. Danville.

ARTICLE SIXIEME.

DE LA NUBIE.

D. Qu'est-ce que la Nubie?

R. La Nubie est un grand royaume peu connu; il est situé à l'est de la Nigritie. Le Nil le traverse du sud au nord: il abonde en or, en musc, en ivoire et en cannes à sucre.

D. Quelles sont les principales villes de la Nubie?

R. SENNEAR, sur le Nil, *capitale* de tout le royaume. — DONGOLA, sur le Nil, *capitale* d'1 royaume de son nom, tributaire du roi de Nubie.

ARTICLE SEPTIEME.

DE L'ABYSSINIE.

D. Qu'est-ce que l'Abyssinie ?

R. C'est un pays situé au sud-est de la Nubie ; il se partage en plusieurs royaumes ou provinces ; la *capitale* est GONDAR, l'empereur se nomme le *Grand-Négus*. Ses habitans professent un christianisme mêlé de pratiques juives. La côte d'Abesh, qui est le long de la mer Rouge, est partagée entre le Turc, qui a le nord ; et le roi de Dansalie, qui a la partie du midi. C'est le pays des anciens Troglodytes, et là où croît la myrrhe. — SUAQUEM, *port*, sur la mer Rouge, au nord, est au Turc.

ARTICLE HUITIEME.

DU CONGO.

D. Comment divise-t-on le Congo ?

R. Le Congo se divise en plusieurs royaumes, dont les principaux sont, du nord au sud : ceux du Loango, Congo, Angola, Benguela.

D. Quelles sont les principales villes du Congo ?

R. LOANGO, *capitale* du royaume de ce nom. — SAN-SALVADOR, *évêché*, *capitale* du royaume de Congo et de la province de Bamba ; les autres provinces de ce royaume sont Sogno, Sandy, Pango, Batta et Pemba, dont les capitales portent les mêmes noms. Les Portugais font presque tout le commerce dans ce royaume. — SAINT-PAUL-DE-LOANDA, *évêché*, *capitale* du royaume d'Angola. — MAPUNGO, résidence du roi d'Oarii, ou de Dongo, royaume situé dans la partie orientale. — BENGUELA, ou SAINT-PHILIPPE, *capitale* du royaume de Benguela.

ARTICLE NEUVIEME.

DE LA CAFRERIE PURE.

D. Qu'est-ce que la Cafrerie pure?

R. On donne le nom de Cafrerie pure aux contrées immenses et peu connues situées dans l'intérieur de l'Afrique. Les Cafres, qui l'habitent, sont nègres, et forment une multitude de peuplades.

D. Comment divise-t-on la Cafrerie pure?

R. On peut la partager en trois parties : la septentrionale, qui contient tous les pays qui sont au milieu de l'Afrique : la méridionale, où est le cap de Bonne-Espérance; et l'orientale, qui contient les états du Monomotapa.

D. Que contient la partie septentrionale?

R. Elle contient plusieurs royaumes, dont on ne connaît guère que les noms ; ce sont ceux de Mujac, Biafara, à l'orient du royaume de Benin. — Gingiro, ou Gingirbomba, près de l'Abyssinie. — Macoco, ou Auzico, au nord-est de Congo. — Monoémugi, ou Niméamaie et plusieurs autres.

D. Par qui est habitée la partie méridionale?

R. Ce pays est habité par divers peuples auxquels on a donné le nom général de *Hottentots*.

D. Quelle ville remarquable trouve-t-on dans cette partie de la Cafrerie pure?

R. Le CAP DE BONNE-ESPÉRANCE, ville et *port* fameux où abordent presque tous les vaisseaux qui vont aux Indes orientales et en reviennent. Il appartient aux Anglais.

D. Comment divise-t-on les états du Monomotapa?

R. Les états du Monomotapa, qui forment la

partie orientale, se divisent en cinq royaumes, du nord au sud, savoir : celui du Monomotapa propre, de Manica, de Safala, de Sabia et d'Inhambane.

D. Quelles sont les villes principales du Monomotapa ?

R. Zanbacé, résidence du roi du Monomotapa. — Manica, *capitale* du royaume de ce nom. — Sofala, près l'embouchure de la rivière de ce nom, aux Portugais. — Manboné, *capitale* du royaume de Sabia, au sud de celui de Sofala, près la mer. — Tonge, *capitale* du royaume d'Inhambane, vers l'embouchure de la rivière de Manica ou du Saint-Esprit. — Inhaqua, *fort* portugais, au midi.

ARTICLE DIXIEME.

DE LA CAFRERIE MÉLANGÉE.

D. Qu'est-ce que la Cafrerie mélangée ?

R. C'est un pays qui occupe toute la côte orientale de l'Afrique, et qui est appelé ainsi parce qu'il est habité par des Cafres, c'est-à-dire, *infidèles*, mêlés d'Arabes, à la différence de la Cafrerie pure, où il n'y a que des Cafres.

D. Comment divise-t-on la Cafrerie mélangée ?

R. On la divise en trois parties : 1. Le Zanguebar, qui s'étend depuis le golfe de Sofala jusqu'à l'équateur. 2. La côte d'Ajan, qui commence à l'équateur, et finit au cap de Guardafui. 3. Le royaume d'Avel, situé au-delà du cap.

§. Ier.

Du Zanguebar.

D. Quels sont les pays contenus dans le Zanguebar ?

R. Le Zanguebar comprend, du sud au nord, les royaumes de Mozambique, Mongale, Quiloa, Monbaça et Mélinde.

D. Quelles en sont les principales villes?

R. Mozambique, *capitale* de l'île de ce nom, *port*, aux Portugais. Le roi de Mozambique, qui habite dans les terres, est mahométan. — Mongale, sur la Mona, *capitale* du royaume de ce nom. — Quiloa, dans l'île de ce nom, a été abandonnée par les Portugais au roi de Quiloa, qui habite sur la côte, dans une autre ville nommée le Vieux-Quiloa, pour le distinguer de l'autre. Un peu au nord, est l'île de Zanzibar, extrêmement fertile. — Monbaça, *capitale* du royaume de ce nom, dans l'île de Monbaze. — Mélinde, *port*, *capitale* du royaume de Mélinde. Ces deux villes sont près de l'embouchure du Quilimaney, qui descend des montagnes de l'Abyssinie. — Lamo, Ampazé et Paté, îles au nord de Mélinde, qui ont des princes tributaires des Portugais.

§. II.

De la côte d'Ajan.

D. Qu'est-ce que c'est que la côte d'Ajan?

R. C'est une côte déserte, couverte de sable et de rochers, à l'exception de la partie méridionale, où l'on trouve la république de Brava et le royaume d'Adel.

D. Quelles en sont les principales villes?

R. Brava, *capitale* de la république de son nom, tributaire des Portugais. — Magadoxo, *capitale* du royaume du même nom, *port*, à l'embouchure du Magadoxo.

§. III.

Du royaume d'Adel.

D. Quelles sont les principales villes du royaume d'Adel ?

R. Auçagurel, *capitale* du royaume d'Adel. — Zeila, Barbora, *ports*, sur la mer Rouge.

ARTICLE ONZIEME.

DES ILES DE L'AFRIQUE.

D. Où sont situées les îles de l'Afrique ?

R. Les unes sont dans la mer des Indes, à l'orient de l'Afrique, et les autres dans l'Océan, à l'occident.

§. Ier.

Des îles à l'orient de l'Afrique.

D. Quelles sont les principales îles à l'orient de l'Afrique ?

R. Madagascar, une des plus grandes îles du monde, séparée de l'Afrique par le canal de Mozambique ; elle n'a pas de villes considérables, mais on y voit deux ports principaux, Saint-Vincent, à l'ouest, et le Port-aux-Prunes, à l'est ; et trois caps, Saint-Sébastien, au nord ; Saint-Romain, au sud, et Saint-André, à l'ouest. — L'île de Bourbon, remarquable par un volcan toujours en activité, à la France. — L'île de France, cédée par la France aux Anglais. Elle renferme 80,000 ames, et produit de l'indigo, du sucre et du café. Elle est située à l'est de Madagascar, ainsi que de l'île de Bourbon. — Les iles de Comorre, qui sont au nord-ouest de Madagascar, dans le canal de Mozambique, sont au nombre de quatre, ont de petits princes, tri-

butaires des Portugais. — L'île de Socotora, dont
TAMARIN est la capitale. Cette île appartient à
un roi tributaire de celui de Fartach, dans l'Arabie heureuse.

§. II.

Des îles à l'occident de l'Afrique.

D. Quelles sont les plus remarquables de ces
îles ?

R. Les plus remarquables sont , du nord au
sud , Madère, célèbre par ses vignobles. — Les
îles Canaries , au nombre de sept, anciennement
îles Fortunées. — Les îles du Cap-Vert, au nombre de dix. — Saint-Thomas, autre que celles
des Antilles , qui appartient aux Danois. — Et
les îles près la ligne, dont la plus remarquable
est Ste-Hélène.

D. Quelles en sont les villes principales ?

R. FUNCHAL, *évêché*, aux Portugais , *capitale*
de l'île de Madère. — CANARIE, *évêché*, *capitale*
de toutes les Canaries, et en particulier de l'île
de son nom, fertile en bons vins; aux Espagnols,
ainsi que la suivante. — LAGUNA, *capitale* de l'île
de Ténériffe, résidence du gouverneur. — RI-
BEIRA, *évêché*, *capitale* de l'île de San-Iago, principale des îles du Cap-Vert, aux Portugais. —
PROVOAÇAN, *évêché*, *capitale* de l'île Saint-Thomas, aux Portugais. Les autres îles n'ont pas de
villes remarquables.

CHAPITRE QUATRIEME.

DE L'AMÉRIQUE.

D. Qu'est-ce que l'Amérique ?

R. L'Amérique est la quatrième partie du
monde. C'est un vaste continent , baigné à l'orient

par l'océan Atlantique , et à l'occident par le grand Océan. Ce continent, qui a été découvert sur la fin du quinzième siècle par Christophe Colomb, a reçu son nom d'*Améric-Vespuce*, Florentin, à qui on attribua faussement la découverte ; on l'appelle aussi *Nouveau Monde* et *Indes occidentales*.

D. Comment divise-t-on l'Amérique ?

R. La nature elle-même semble avoir partagé l'Amérique en deux grandes portions, savoir : 1. L'Amérique septentrionale. 2. L'Amérique méridionale. Ces deux portions sont jointes par l'isthme de Panama.

D. Quelles sont les productions de l'Amérique ?

R. L'Amérique est fertile en tout ce qui est nécessaire à la vie : elle produit quantité de plantes, de fruits et d'animaux inconnus en Europe.

D. Quels sont les principaux golfes de l'Amérique ?

R. Ses principaux golfes sont ceux de Saint-Laurent et du Mexique : tous les deux sont dans l'Amérique septentrionale, le premier au nord et le second au sud.

D. Quels sont les caps les plus célèbres ?

R. Il y en a trois, deux dans l'Amérique septentrionale. 1. Le cap Breton, à l'entrée du golfe Saint-Laurent. 2. Le cap de la Floride, dans le golfe du Mexique, et un dans l'Amérique méridionale, cap de Saint-Augustin, sur les côtes du Brésil.

D. Quels sont les fleuves les plus considérables de l'Amérique ?

R. On en compte cinq principaux, deux dans l'Amérique septentrionale. 1. Le fleuve Saint-Laurent, qui se décharge dans le golfe qui porte son nom. 2. Le Mississipi, qui se décharge dans le golfe du Mexique, après avoir traversé la Louisiane d'un bout à l'autre; et trois dans l'Amérique méridionale. 3. Le fleuve des Amazones, qui la traverse d'occident en orient, et se jette dans la mer entre la Guyane et le Brésil : c'est le plus grand fleuve du monde. 4. L'Orénoque, au nord de la Guyane, se jette dans l'Océan par 16 embouchures principales. 5. Le fleuve de la Plata, qui a son embouchure dans la mer, à Buénos-Aires, au sud-est.

D. Quels sont les principaux lacs de l'Amérique?

R. Il y a dans l'Amérique septentrionale cinq grands lacs, qui s'écoulent les uns dans les autres, et ensuite dans le fleuve Saint-Laurent; ce sont : le lac Supérieur, le lac Michigan, le lac Huron, le lac Erié et le lac Ontario.

D. Quelles sont les montagnes les plus considérables de l'Amérique?

R. Les chaines de montagnes les plus considérables de l'Amérique sont dans l'Amérique septentrionale, savoir : les Apalaches, dans les Etats-Unis; les montagnes rocheuses, ou de l'ouest, le long du grand Océan.

Dans l'Amérique méridionale, ce sont : les Cordilières, ou les Indes, dans le Pérou et le Chili, à l'ouest, les Cordilières du Brésil, à l'est.

ARTICLE PREMIER.

DE L'AMÉRIQUE SEPTENTRIONALE.

D. Comment divise-t-on l'Amérique septentrionale?

R. On peut la diviser en six parties : 1. Le Canada et la Louisiane. 2. Les Etats-Unis de l'Amérique, au sud-est, et au nord du Canada. 3. La presqu'île de la Floride. 4. Le Mexique ou Nouvelle-Espagne. 5. Le Nouveau-Mexique, au nord de la Nouvelle-Espagne, qui appartient aussi aux Espagnols. 6. L'Amérique russe, et les nouvelles découvertes, à l'ouest et au nord du Canada. A ces six parties, il faut ajouter les îles.

§. Iᵉʳ.

Du Canada et de la Louisiane.

D. Qu'est-ce que le Canada et la Louisiane?

R. On appelle ainsi deux vastes contrées de l'Amérique septentrionale, qu'on comprenait autrefois sous le nom de *Nouvelle-France*, parce qu'elles ont été long-temps possédées par les Français. Le Canada a été cédé aux Anglais en 1763. C'est un pays très-froid, quoique sous la même latitude que la France. On en tire des fourrures précieuses. La Louisiane appartient aujourd'hui aux Etats-Unis, par l'acquisition qu'ils en ont faite de la France, à qui elle avait été cédée par l'Espagne. Elle forme aujourd'hui un nouvel Etat qui fait partie des Etats-Unis. C'est une contrée fertile, mais peu habitée.

D. Quelles sont les principales villes du Canada?

R. Quebec, *capitale* sur le fleuve Saint-Laurent, résidence du gouverneur. — Montréal, dans une île du même fleuve.

D. Quelle est la principale ville de la Louisiane?

R. La Nouvelle-Orléans, *capitale*, vers l'embouchure du Mississipi, mal peuplée:

§. II.

Etats-Unis d'Amérique.

D. Qu'entendez-vous par les Etats-Unis d'Amérique?

R. Ce sont des Etats composés d'un certain nombre de provinces indépendantes, et réunies entre elles par un lien commun. C'était auparavant des colonies anglaises, qui s'affranchirent en 1783 du joug de la Grande-Bretagne.

D. Quel est le gouvernement des Etats-Unis?

R. C'est un gouvernement démocratique, composé d'une chambre de représentans des provinces, d'un sénat, d'un président et d'un vice-président. On donne le nom de *congrès* aux deux chambres. Ce congrès fait les lois; le président veille à leur exécution, et entretient les relations avec les puissances étrangères.

D. De combien de provinces se composent ces Etats?

R. De vingt et une provinces principales, du nord au sud; voici les noms de ces provinces, qui se divisent en comtés:

PROVINCES.	VILLES PRINCIPALES.
New-Hampshire,	*Portsmouth.*
Massachusett,	*Boston, port*, sur une baie.
Rhode-Island,	*Providence*, sur la rivière du même nom.
Connecticut,	*Hartfort*, jolie ville.
New-Yorck,	*New-Yorck*, dans une île, avec un *port*.
New-Jersey,	*Elisabeth-Town.*
Pensylvanie,	*Philadelphie*, siége d'une *université*.
Delaware,	*New-Castle.*
Maryland,	*Annapolis*, jolie ville.
Virginie,	*Richmond*, idem.
Caroline septentrionale,	*Raleig.*

PROVINCES.	VILLES PRINCIPALES.
CAROLINE méridionale,	*Colombia.*
GÉORGIE (la Nouvelle),	*Louisville.*
VERMONT,	*Bennington,* pet.^e ville.
KENTUKY,	*Francfort*, belle ville.
TENNESSÉE,	*Knoxville.*
MAINE,	*Portland.*
MISSISSIPI,	*Nouvelle-Orléans.*
OHIO,	*Marietta.*
INDIANA,	*Vincennes.*
ILLINOIS,	»

WASHINGTON, située dans la province de Maryland, appartient en commun aux Etats-Unis ; c'est la ville fédérale. Elle fut fondée en 1792. Les rues sont alignées, et se coupent à angles droits. A l'aide de la marée, les grands vaisseaux peuvent arriver jusqu'à son port.

§. III.

De la Floride.

D. Qu'est-ce que la Floride ?

R. C'est une contrée dont une partie située le long du golfe du Mexique, comme une lisière étroite, s'appelle *Floride occidentale*, et l'autre, qui est formée par une grande presqu'île, qui forme au N. E. le golfe du Mexique, se nomme *Floride orientale*. — SAINT-AUGUSTIN, capitale de la Floride orientale. — PENSACOLA, à l'ouest, sur le golfe du Mexique, capitale de la Floride occidentale, qui est considérée comme une extension de la Louisiane. Le reste de la presqu'île est habité par des sauvages. Ce pays va être probablement cédé par l'Espagne aux Etats-Unis.

§. IV.

Du Mexique ou Nouvelle-Espagne.

D. Que dites-vous du Mexique ?

R. Le Mexique est le pays le plus beau et le meilleur de l'Amérique. A ses abondantes productions il joint de riches mines d'or et d'argent.

D. Quelles sont les principales villes du Mexique ?

R. MEXICO, la plus belle et la plus importante de toute l'Amérique. Elle a un archevêché, une université, une académie de sculpture, peinture et architecture ; c'est la résidence du vice-roi du Mexique : sa population est de 150,000 habitans. Elle est située au milieu d'un grand lac, et on y arrive par des chaussées. — MÉRIDA, *évêché, capitale* de l'Yocatan, presqu'île qui s'avance dans le golfe du Mexique. — TABASCO, sur le golfe du Mexique. — TLASCALA, à l'est de Mexico. — LA VERA-CRUX, *port*, sur le golfe du Mexique. — GUAXACA, au sud-est de Tlascala. — GUADALAJARA, *évêché.* — MONTEREY, *capitale* de la Californie, grande presqu'île le long de la mer Vermeille. — GUATIMALA, *évêché, port* sur l'Océan. — CHIAPA, au nord-ouest de Guatimala. — VALLADOLID, *évêché, capitale* de la province de Honduras, sur le golfe du même nom. — SAINT-LÉON-DE-NICARAGUA, *évêché, capitale* de la province de Nicaragua. — CARTHAGO, *évêché, capitale* de la province de Costarica.

§. V.

Du Nouveau-Mexique.

D. Qu'est-ce que le Nouveau-Mexique ?

R. C'est un pays situé au nord de l'ancien, et

qui est peuplé principalement d'indiens sauvages et idolâtres.

R. Quelle en est la ville principale?

R. Santa-Fé, au nord, *capitale*, près la rivière de Norte, qui se jette dans le golfe du Mexique, au sud-est; résidence du gouverneur.

D. Comment nomme-t-on les parties du Nouveau-Mexique qui sont à l'ouest sur la mer Vermeille?

R. Elles se nomment la Nouvelle-Navarre et le Sonora; elles n'ont point de places importantes.

§. VI.

Des nouvelles découvertes à l'ouest et au nord du Canada, et de l'Amérique russe.

D. En quoi consistent les nouvelles découvertes sur les côtes nord-ouest de l'Amérique septentrionale?

R. Elles consistent, 1° dans celles de la côte au nord de la Californie, de la nouvelle Albion, et des contrées au nord du Nouveau-Mexique; 2° dans celles de la Nouvelle-Géorgie; de la Nouvelle-Hanovre, du Nouveau-Cornouailles, et des îles voisines; 3° dans celles de l'Amérique russe, c'est-à-dire, des côtes du continent, depuis la baie de Behrings jusqu'au détroit du même nom, et au-delà, et celles des îles Aléontiennes et autres. Les premières forment la partie Espagnole, les secondes la partie Anglaise, les troisièmes la partie Russe.

D. Dites ce que vous savez du fameux détroit de Behrings, dans l'Amérique russe.

R. Ce détroit, situé vers la partie la plus septentrionale de l'Amérique, du côté de l'ouest, n'a que treize lieues de large; il sépare l'Asie orientale de ce vaste continent. Il est ainsi nommé du nom du navigateur qui en a fait la découverte.

D. Qu'est-ce que le Groënland?

R. Le Groënland est un vaste pays encore inconnu, situé entre l'Europe et l'Amérique ; l'air y est si froid que la mer y gèle. La côte occidentale est occupée par quelques factoreries danoises, et par des esquimaux , peuple sauvage qui vit du produit de la pêche. Ces pays n'ont pas de villes.

§. VII.

Des îles de l'Amérique septentrionale.

D. Quelles sont les principales îles de l'Amérique septentrionale?

R. Les principales îles de l'Amérique septentrionale, sont : les îles du golfe Saint-Laurent, les Açores, les Lucayes et les Antilles.

D. Quelles sont les principales îles du golfe Saint Laurent?

R. L'île de Terre-Neuve, *capitale* PLAISANCE ; l'île Royale, ou du cap Breton, *capitale* LOUISBOURG.

D. Quelle est la principale des Açores?

R. Tercères, dont la *capitale* est ANGRA.

D. Quelles sont les principales Lucayes?

R. Bahama, aux Anglais. — La Providence, aux mêmes. — Guanahani ou Saint-Sauveur ; elles n'ont pas de villes.

D. Comment partage-t-on les Antilles?

R. On les partage en grandes et en petites. Les grandes sont : Cuba, longue de 280 lieues, et renfermant près d'un million d'habitans , aux Espagnols; LA HAVANE, *capitale*, avec le meilleur port de l'Amérique ; SAN-IAGO, *évêché*. — La Jamaïque, aux Anglais, STANISH-TOWN, *capi-*

tale. — Saint-Domingue, qui se divise en deux
parties, l'orientale et l'occidentale. La première
était aux Espagnols, *capitale*, San-Domingo. La
seconde appartenait aux Français , *capitale*, le
Cap-Français. Toute cette île est au pouvoir des
Nègres, depuis 1792. — Porto-Rico, Saint-
Jean-de-Porto-Rico , *capitale*.

D. Quelles sont les plus remarquables des petites Antilles ?

R. La Martinique, le Fort-Royal, *capitale.*
— La Guadeloupe, Pointe-a-Pitre , *capitale*,
aux Français. — Marie-Galante, Saint-Christo-
phe, la Barbade, aux Anglais. — Curaçao, près
la Terre-Ferme, aux Hollandais. — La Margue-
rite, aux Espagnols. — La Trinité, grande île,
aux Anglais.

ARTICLE SECOND.

DE L'AMÉRIQUE MÉRIDIONALE.

D. Comment divise-t-on l'Amérique méridionale?

R. L'Amérique méridionale se divise en huit
parties principales. 1. La Terre-Ferme ou Castille-d'Or, au nord. 2. Le Pérou. 3. Le Chili, à
l'ouest. 4. Le pays des Amazones, dans le milieu.
5. Le Brésil. 6. La Guyane, à l'orient. 7. Le Paraguay ou la province de Rio-de-la-Plata. 8. La
Terre-Magellanique, ou Patagonie, et la Terre-
de-Feu, au sud.

§. Ier.

De la Terre-Ferme.

D. Où est située la Terre-Ferme ?

R. Elle occupait la partie nord de l'Amérique
méridionale.

            D.

D. Comment divise-t-on la Terre-Ferme ?

R. La Terre-Ferme se divise en neuf provinces ou petits gouvernemens : sept au nord d'occident en orient, et deux au midi. Cette contrée est maintenant en révolution.

D. Quelles sont les principales villes des provinces du nord de la Terre-Ferme ?

R. SAN-IAGO-AL-ANGEL, ville principale de la province de Veragua. — PANAMA, *évêché*, *port*, *capitale* de la province de ce nom, audience royale, sur l'isthme de Panama. — PORTO-BELLO, sur le golfe du Mexique, fameux *port*, à onze lieues de Panama, dans la même province. — CARTHAGÈNE, *évêché*, *port*, *capitale* de la province du même nom : pop. 50,000 hommes. — SAINTE-MARTHE, *évêché*, *port*, *capitale* de la province de Sainte-Marthe. — RIO-DE-LA-HACHA, *capitale* de la province de ce nom. — CARACAS, situé à peu de distance de la mer, *évêché*, *capitale* de la province de Vénézuéla et de la côte de Caracas. — CUMANA, *capitale* de la Nouvelle-Andalousie ?

D. Quelles sont les principales villes des provinces du midi ?

R. SANTA-FÉ-DE-BOGOTA, *archevêché*, *capitale* de la Nouvelle-Grenade. — POPAYAN, au sud-ouest, *évêché*, *capitale* du Popayan.

§. II.

Du Pérou.

D. Où est situé le Pérou ?

R. Il est situé au midi du Popayan, et s'étend le long de la mer du sud.

D. Comment divise-t-on le Pérou ?

R. On le divise en trois gouvernemens ou au-

diences royales ; qui sont du nord au midi :
1. Quito. 2. Los-Reyes ou Lima. 3. Los-Charcas.

D. Quelles sont les principales villes de l'audience de Quito ?

R. Quito, *évêché*, *capitale* de sa province, et de l'audience de son nom : pop. 50,000 habitans.
— Guaya-Quil, *port* et *capitale* d'une province de ce nom.

D. Quelles sont les principales villes de l'audience de Los-Reyes ou Lima ?

R. Lima, *archevêché*, *capitale* de tout le Pérou, de la province et de l'audience de Lima ; c'est une des plus riches villes du monde. Elle est à peu de distance de la mer, et son port s'appelle Calao : pop. 60,000 habit. — Truxillo, *évêché*, au nord-ouest de Lima ; et à trois quarts de lieue de la mer. — Cusco, au sud-est ; c'était la capitale de l'ancien empire des Incas, peuple civilisé qui occupait le Pérou avant l'arrivée des Européens. — Guamanca, entre Lima et Cusco ; nulle ville du Pérou n'a de plus beaux édifices ; *évêché*. — Aréquipa, au sud-est de Lima, sur la côte : ville fort belle et très-peuplée, *évêché*.

D. Quelles sont les principales villes de l'audience de Los-Charcas ?

R. La Plata, *archevêché*, *capitale* de l'audience de Los-Charcas : pop. 14,000 habit. — Potosi, près la Plata, fameuse par les mines inépuisables d'argent situées dans son territoire.

§. III.

Du Chili.

D. Où est situé le Chili ?

R. Le Chili est situé au midi du Pérou, le long de la mer Pacifique, et forme une lisière étroite.

C'est un pays excellent. Son climat est très-doux.

D. Quelles sont les principales villes du Chili?

R. San-Iago, *évêché, capitale* : pop. 30,000 h. — Valparaiso, *port* principal. — La Conception, *évêché*, la seconde ville du Chili. — Valdivia, *port* excellent.

§. IV.

Du Pays des Amazones.

D. Où est situé le pays des Amazones?

R. Le pays des Amazones est situé à l'orient du Pérou.

D. D'où lui vient ce nom?

R. Il est appelé ainsi du fleuve des Amazones, qui le traverse.

D. Y a-t-il des villes dans ce pays?

R. Non, il n'y a pas de villes, mais des missions espagnoles et portugaises le long du fleuve. Celles des Espagnols sont à l'ouest, et celles des Portugais sont à l'est, ces dernières commencent un peu au-dessous de l'embouchure du Yavari dans le fleuve des Amazones.

§. V.

Du Brésil.

D. Qu'est-ce que le Brésil?

R. On comprend sous le nom de Brésil, la région la plus orientale de l'Amérique méridionale; il appartient aux Portugais. Il avait été érigé en royaume par le roi de Portugal, qui, en 1807, y transporta sa cour; mais, rappelé depuis en Europe, il laissa le gouvernement du Brésil entre les mains de son fils aîné, qui s'en fit déclarer empereur. C'est un pays riche en productions végétales. Il a des mines d'or , d'argent et de pierres précieuses. On en tire des bois de teinture, de l'indigo, du sucre, du cacao et du coton. L'intérieur du pays, habité par des Indiens sauvages, est peu connu.

D. Comment divise-t-on le Brésil ?

R. On le divise en quinze gouvernemens, ou capitaineries : trois sur la côte septentrionale, et douze sur l'orientale, du nord au sud.

D. Quelles sont les principales villes des capitaineries de la côte septentrionale ?

R. PARA, *évêché*, *capitale* de la capitainerie de Para ; pop. 12,000 hab. — MARAGNAN, *évêché*, *capitale* de la capitainerie de ce nom : population 15,000 hab. — SIARA, *capitale* de la capitainerie de ce nom.

D. Quelles sont les principales villes des capitaineries de la côte orientale ?

R. NATAL-LOS-REYES, à l'embouchure de Rio-Grande, *capitale* de la capitainerie de Rio-Grande. — PARAÏBA, *capitale* de la capitainerie de ce nom. — TAMARACA, *capitale* de la capitainerie de Tamaraca. — OLINDE ou FERNAMBOUC, *év.*, *capitale* de la capitainerie de Fernambouc : pop. 20,000 habit. — SÉRÉGIPPE, *port*, *capitale* de la capitainerie de Sérégippe ou Bahia : SAN-SALVADOR, *place forte*, *archev.*, *capitale* de la capitainerie de la baie de Tous-les-Saints : popul. 40,000 hab. — VILLA-SAN-GEORGIO, *capitale* de la capitainerie de Rios-dos-Ilheos. — PORTO-SECURO, *capitale* de la capitainerie de ce nom. — SPIRITU-SANTO, *capitale* de la capitainerie de ce nom. — SAINT-SÉBASTIEN, *évêché*, *capitale* de la capitainerie de Rio-Janéiro. — RIO-JANÉIRO, *capitale* du royaume et résidence du roi. — SAINT-VINCENT, *capitale* de la capitainerie de Saint-

Vincent. — SAINT-PAUL, *év.*, au nord-ouest de Saint-Vincent, autrefois république de brigands, mais subjuguée depuis par les Portugais, dans la même capitainerie.

§. VI.

De la Guiane.

D. Qu'est-ce que la Guiane ?

R. La Guiane est une vaste contrée marécageuse, située entre la rivière des Amazones et celle de l'Orénoque ; cette dernière la sépare de la Castille-d'Or ou Terre-Ferme.

D. Que comprend la Guiane ?

R. La Guiane comprend plusieurs établissemens que les Européens y ont formés, entre autres les Espagnols, les Français et les Hollandais ; les possessions de ces derniers ont été partagées entre eux et les Anglais.

D. Quelles sont les principales villes de la Guiane ?

R. SAINT-THOMAS, aux Espagnols. — CAYENNE, dans l'île de ce nom, aux Français. — PARAMARIBO, dans la colonie de Surinam, aux Hollandais.

§. VII.

Du Paraguay.

D. Qu'est-ce que le Paraguay ?

R. Le Paraguay est un pays situé à l'est du Pérou et du Chili. C'est une contrée fertile, mais mal peuplée. Elle est maintenant en révolution.

D. Quelles sont les principales villes du Paraguay ?

R. L'ASSOMPTION, *év.*, grande et belle ville, *capitale* du gouvernement de RIO-DE-LA-PLATA, et sur le bord oriental de cette rivière. — BUÉnos-Ayres, *évêché*, à soixante-dix lieues de l'embouchure du fleuve de Rio-de-la-Plata, dans le gouvernement de ce nom, qui est aujourd'hui constitué en république : pop. 40,000 habit. — Monte-Video, ville sur la Plata, à vingt lieues de son embouchure.

La province de Parana, le long de la rivière de ce nom, est habitée par des naturels du pays, que les Jésuites ont civilisés et qu'ils ont gouvernés jusqu'à la destruction de leur ordre.

Le Paraguay appartient aux Espagnols.

§. VIII.

De la Terre-Magellanique ou Patagonie, et de la Terre-de-Feu.

D. Qu'est-ce que la Terre-Magellanique ?

R. On comprend sous ce nom, la grande région qui est à l'extrémité de l'Amérique méridionale.

D. D'où lui vient ce nom ?

R. Elle est appelée ainsi de Magellan, qui l'a découverte en 1520 ; elle appartient aux Espagnols et n'a pas de villes.

D. Par qui est-elle habitée ?

R. Par des peuples sauvages, d'une haute stature, qu'on nomme Patagons.

D. Qu'est-ce que la Terre-de-Feu ?

R. C'est une grande île déserte, aride et inculte, située au sud de la Patagonie, et séparée de cette contrée par le détroit de Magellan. Au nord-est sont les îles Falkland ou Malouines, également désertes. Le froid est très-rigoureux dans ces contrées. Au sud-est on trouve la Terre-de-Sandwich et la Thulé-Australe. Ces îles inhabitées semblent identifiées avec les glaces éternelles qui les entourent.

CHAPITRE CINQUIÈME.

DE L'OCÉANIE,

Ou cinquième partie du monde.

D. Qu'est-ce que l'Océanie ?

R. On comprend sous ce nom un grand nombre d'îles, dont la plupart ont été découvertes dans les temps modernes.

D. En combien de parties la divise-t-on ?

R. On la divise en trois grandes régions, savoir : 1º l'AUSTRALIE. — 2º Le GRAND ARCHIPEL d'ASIE, appelée aussi Notasie. — 3º La POLYNÉSIE.

ARTICLE PREMIER.

DE L'AUSTRALIE.

D. De quoi se compose l'Australie ?

R. L'Australie se compose de la Nouvelle-Hollande, de la Nouvelle-Guinée, ou terre des Papons, de l'archipel de la Louisiane, de la Nouvelle-Bretagne, de la Nouvelle-Irlande, etc.

D. Qu'est-ce que la Nouvelle-Hollande ?

R. C'est une île immense, aussi grande que toute l'Europe, mais dont les côtes seules ont été reconnues. Ces côtes sont habitées par une race d'hommes noirs, sauvages et féroces. A l'est sont les établissemens anglais de BOTANY-BAY, et de SYDNEY, où l'on transporte les déportés.

D. Qu'est-ce que la Nouvelle-Guinée ?

R. C'est une très-grande île également habitée par des hommes noirs et sauvages. Il en est de même des autres îles de l'Australie.

ARTICLE DEUXIEME.

DE L'ARCHIPEL D'ASIE ou NOTASIE.

D. De quoi se compose cet archipel ?
R. Il comprend les îles de la Sonde, les Moluques et les îles Philippines. Nous avons déjà décrit ces îles, en parlant des îles de l'Asie. (*Voy*. page 169.)

ARTICLE TROISIEME.

DE LA POLYNÉSIE.

D. Qu'appelez-vous Polynésie ?
R. On comprend sous cette dénomination une multitude d'îles situées dans le grand Océan, entre les tropiques, et réunies en divers groupes ou archipels.

Elles sont habitées par une même race qui paraît d'origine Malaie.

D. Quels sont les principaux de ces archipels ?
R. Les îles Palaos ou Pelew, l'archipel des Mulgraves, celui des îles Mariannes ou des Larrons, l'archipel des îles Sandwich, dont la plus remarquable est Owihée, où fut tué le capitaine Cook ; l'archipel dangereux et les îles de la Société, où l'on remarque Otaïti, célèbre par la douceur et l'aménité de ses habitans ; l'archipel des Navigateurs, et les îles des Amis.

ÉPOQUES

DES PRINCIPALES DÉCOUVERTES.

<table>
<tr><td></td><td>Années
de J.-C.</td></tr>
<tr><td>Les Canaries, découvertes par des navigateurs génois et catalans..........</td><td>1345</td></tr>
<tr><td>Jean de Béthencour en fait la conquête de..........................1401 à</td><td>1405</td></tr>
<tr><td>Porto-Santo, découverte par Tristan Vaz et Zarco, Portugais............</td><td>1418</td></tr>
<tr><td>Madère, par les mêmes............</td><td>1419</td></tr>
<tr><td>Le cap Blanc, par Nuno Tristan, Portugais.....................</td><td>1440</td></tr>
<tr><td>Les Açores, par Gonzallo Vello, Portugais.</td><td>1448</td></tr>
<tr><td>Les îles du cap Vert, par Antoine Nolli, Génois.....................</td><td>1449</td></tr>
<tr><td>La côte de Guinée, par Jean Santaren et Pierre Escovar, Portugais.......</td><td>1471</td></tr>
<tr><td>Le Congo, par Diego Cam, Portugais..</td><td>1484</td></tr>
<tr><td>Le cap de Bonne-Espérance, par Dias, Portugais......................</td><td>1486</td></tr>
<tr><td>L'Amérique, { île San-Salvador, dans la nuit du 11 au 12 octobre, } Christophe Colomb..</td><td>1492</td></tr>
<tr><td>Les Antilles, Christophe Colomb.....</td><td>1493</td></tr>
<tr><td>La Trinité, continent de l'Amérique, Christophe Colomb..............</td><td>1498</td></tr>
<tr><td>Les Indes, côtes orient. d'Afriq., — côte de Malabar, } Vasco de Gama..</td><td>1498</td></tr>
<tr><td>Amérique, côtes orientales, par Ojéda accompagné d'Améric Vespuce......</td><td>1499*</td></tr>
</table>

* Cette date est contestée et portée par quelques auteurs à 1497.

Rivière des Amazones, par Vincent Pinçon. 1500
Le Brésil, par Alvarès Cabral, Portugais. 1500
Terre-Neuve, par Cortereal, Portugais. 1500
Ile Ste.-Hélène, par Jean de Nova, Portugais. 1502
L'île de Ceylan, par Laurent Alméyda. . 1506
Madagascar, par Tristan de Cunha. 1506
Sumatra, par Siqueyra, Portugais 1508
Malaca, par le même. 1508
Iles de la Sonde, par Abreu, Portugais. . 1511
Moluques, par Abreu, Serrano. 1511
La Floride, par Ponce de Léon, Espagnol. 1512
La mer du Sud, par Nugnez Balboa. . . . 1513
Le Pérou, par Pérez de la Rua. 1515
Rio Janeiro, par Dias de Solis. 1516
Rio de la Plata, par le même. 1516
La Chine, par Fernand d'Andrada, Portugais 1517
Mexique, { Fernand de Cordoue. 1518
{ Fernand Cortès en fait la conquête. 1519
Terre de Feu, par Magellan. 1520
Les îles des Ladrones, par le même. . . . 1521
Les Philippines, par le même. 1521
Amérique septentr., par Jean Verazani. . 1523
et. 1524
Pérou, Pizarre en fait la conquête. 1524
La Bermude, par Jean Bermudez, Espagnol. 1527
La Nouvelle Guinée, par André Vidaneta, Espagnol. 1528
Côtes voisines d'Acapulco, par ordre de Cortès. 1534
Le Canada, par Jacques Cartier, Français. 1534
et. 1535

La Californie, par Cortés............ 1535
Le Chili, par Diego de Almagro....... 1536
    et............................... 1537
Acadie, Roberval, Français, s'établit à l'île
    Royale........................... 1541
Camboje, par Antonio Faria y Sousa, Fer-
    nand Mindez Pinto................. 1541
Les îles Likeio, par les mêmes........ 1541
Heinam, par les mêmes................ 1541
Japon, { Diego Jamoto et Christophe Bo-
          rello, à l'ouest............
          Fernand Mindez Pinto, à l'est,   1542
          au Bungo................... }
Cap Mendocino, à la Californie, par Ruis
    Cabrillo......................... 1542
Le Mississipi, par Moscoso Alvarado.... 1543
Le détroit de Waigats, par Steven Bor-
    rough............................ 1556
Iles Salomon, par Mendana............ 1567
Détroit de Frobisher, par sir Martin Fro-
    bisher........................... 1576
Voyage de Drake............. 1579 ou 1590
Détroit de Davis, par John Davis...... 1587
Côtes du Chili dans la mer du Sud, par
    Pedro Sarmiento................... 1589
Iles Malouines ou Falkland, par Hawkins. 1594
Marquises de Mendoça, par Mandana... 1595
Santa-Cruz, par le même.............. 1595
Voyage de Barentz à la Nouvelle-Zemble. 1596
Terres du Saint-Esprit de Quiros, Cycla-
    des de Bougainville, nouvelles Hébrides
    de Cook.......................... 1606
Baie de Chesapeak, par John Smith.... 1607
Quebec, fondée par Samuel Champlain. 1608
Détroit de Hudson, par Henri Hudson.. 1610
Baie de Baffin....................... 1616

Cap Horn, par Jacob Lemaire........ 1616
Terre de Diemen, par Abel Tasman.... 1642
Nouvelle-Zélande, par le même....... 1642
Iles des Amis, par le même.......... 1645
Iles des Etats, au nord du Japon, par de
    Uries................... 1643
Nouvelle-Bretagne, par Dampier....... 1700
Le détroit de Bhéring.............. 1728
Thaïti, Wallis.................. 1767
Archipel des Navigateurs, par Bougainville. 1768
Archipel de la Louisiane, par Bougainville. 1768
Terre de Kerguelen ou de Désolation... 1772
Le Nouvelle-Calédonie, par Cook...... 1774
Iles Sandwich, par Cook............. 1778

TABLEAU APPROXIMATIF

De la population du monde connu d'après les derniers calculs.

RUSSIE. ￼ . . . . Population. ￼	32,000,000
SUÈDE.	3,500,000
DANEMARCK.	2,400,000
TURQUIE. , ...	10,000,000
ALLEMAGNE.	44,000,000
FRANCE. : . . , ...	29,000,000
GRANDE-BRETAGNE.	15,000,000
ITALIE. . . . . . , ...	18,000,000
SUISSE. . . . . , . .	2,000,000
HOLLANDE.	2,000,000
ESPAGNE ET PORTUGAL.	11,000,000
EUROPE.	169,700,000
On compte en Asie.	589,000,000
———————en Afrique.	120,000,000
———————en Amérique.	160,000,000
TOTAL.	1,038,700,000

FIN.

TABLE ALPHABÉTIQUE

DES VILLES INDIQUÉES DANS CET ABRÉGÉ DE GÉOGRAPHIE.

A

Abbeville.	81	Ambert.	73
Abo.	142	Amersfoort.	118
Achem.	171	Amiens.	81
Acqui.	92	Amsterdam.	117
Adria.	98	Ancenis.	65
Agen.	66	Ancône.	96
Agra.	160	Andérab.	168
Agram.	129	Andrinople.	151
Agria.	128	Angers.	67
Aix.	48	Angoulême.	49
Aix-la-Chapelle.	132	Angra.	191
Ajaccio.	51	Annapolis.	187
Akalziké.	169	Annecy.	92
Akerman.	144	Anvers.	115
Alais.	57	Aosalha.	140
Alba.	92	Aoste.	91
Albarasin.	109	Appenzel.	113
Albourg.	138	Apt.	85
Alby.	52	Aquila.	101
Alençon.	72	Aracan.	163
Alep.	154	Arau.	113
Alexandrie.	92	Arbois.	62
Alexandrie en Egypte.	174	Archangel.	143
Alger.	174	Arcis-sur-Aube.	46
Alicante.	109	Ardra.	176
Alkmaer.	117	Arequipa.	194
Almerie.	108	Arezzo.	94
Altkirch.	76	Argelès.	74
Altorff.	113	Argentan.	73
Amadabad.	160	Arles.	48
Amasie.	153	Armagh.	156

Arnheim.	117	Auçagurel.	182
Arras.	73	Auch.	58
Arrona.	99	Aurillac.	49
Asiago.	98	Autun.	77
Assomption (l').	197	Auxerre.	86
Assuan.	173	Ava.	163
Asti.	92	Avalon.	86
Astorga.	110	Avesnes.	72
Astracan.	144	Avignon.	83
Athènes.	105	Avilla.	109
Aubusson.	53	Avranches.	67

B.

Badajoz.	110	Beaume.	54
Bade.	126	Beaune.	52
Baeça.	108	Beaupréau.	67
Bagdad.	155	Beauvais.	72
Bagnagour.	162	Béfort.	76
Bagnères.	74	Belgrade.	150
Bahus.	140	Belliac.	85
Bayonne.	74	Bellay.	42
Balck.	168	Bellinzona.	113
Bâle.	114	Bellune.	99
Bambouc.	177	Bencoulen.	171
Bander-Abassy.	158	Bénévent.	101
Barbezieux.	49	Benguela.	178
Barbora.	182	Benin.	176
Barcelonne.	109	Bennington.	188
Barcelonnette.	44	Bergame.	99
Barcelore.	161	Bergerac.	55
Bari.	101	Berghen.	141
Bar-le-Duc.	69	Berlin.	127
Bar-sur-Aube.	46	Bernay.	55
Bar-sur-Seine.	ibid.	Berne.	114
Bassano.	98	Besançon.	54
Bassora.	155	Béthune.	73
Bastia.	51	Béziers.	59
Batavia.	171	Bielle.	91
Bayeux.	48	Bilbao.	107
Bazas.	58	Blaye.	58
Baugé.	67	Blois.	63

Bobio.	92	Brescia.	99
Bochara.	168	Breslaw.	131
Bois-le-Duc.	118	Bressuire.	81
Bologne.	96	Brest.	56
Bombay.	162	Briançon.	45
Bordeaux.	58	Brielle.	118
Bergosan-Donino.	95	Briey.	71
Bornéo.	171	Brignolles.	83
Boston.	187	Brindisi.	101
Boulogne.	73	Brioude.	64
Bourbon-Vendée.	84	Bristol.	134
Bourg.	42	Brives.	51
Bourganeuf.	53	Brodwich.	136
Bourges.	50	Bruges.	116
Bourgoin.	61	Bruxelles.	115
Bournou.	177	Brzescie.	145
Boussac.	53	Buckarest.	150
Bragance.	111	Bude.	128
Brague.	ibid.	Buénos-Aires.	197
Brandebourg.	127	Burgos.	109
Brava.	181	Burse.	153
Breda.	118	Busseto.	93
Brême.	123		

C.

Cabo-Corso.	176	Cambrai.	72
Caboul.	158	Cambridge.	134
Cachemire.	ibid.	Campo-San-Piero.	98
Cadix.	108	Canarie.	183
Caen.	48	Candahar.	158
Caffa.	144	Candy.	171
Cagliari.	103	Cantorbéry.	134
Cahors.	65	Cap-de-B.-Espérance.	179
Caifong.	165	Cap-Français (le).	192
Calatrava.	110	Capoue.	101
Calcuta.	161	Caracas.	193
Calicut.	ibid.	Carcassonne.	47
Calmar.	140	Cardigan.	134
Calvi.	51	Carlsruhe.	126
Cambaye.	160	Carnavan.	134
Camboge.	163	Carpentras.	85

Carthagène en Espagne.	109	Chinon.	61
Carthagène en Amériq.	193	Chiozza.	96
Carthago.	189	Chiutayé.	153
Casal.	92	Chivas.	91
Cashel.	137	Christiania.	141
Cashgar.	167	Christiansand.	ibid.
Cassel.	126	Christiansbourg.	176
Castellane.	44	Cialis.	167
Castelnaudary.	47	Cirenza.	102
Castel-Sarrasin.	82	Citadella.	110
Castres.	ibid.	Ciudad-Rodrigo.	ibid.
Catherinoslaw.	144	Civray.	84
Cayenne.	197	Clagenfurt.	127
Ceneda.	98	Clamecy.	71
Ceret.	75	Clermont.	72
Cette.	59	Clermont-Ferrand.	73
Ceva.	92	Clèves.	132
Châlons-sur-Marne.	68	Coblentz.	ibid.
Châlons-sur-Saône.	77	Cochin.	161
Chambéry.	90	Cognac.	49
Chambon.	53	Coïmbre.	111
Chandernagor.	161	Coire.	113
Charleroy.	116	Colmar.	76
Charolles.	77	Colombia.	188
Chartres.	55	Comachio.	96
Châteaubriant.	65	Côme.	99
Château-Chinon.	71	Commercy.	70
Châteaudun.	56	Compiègne.	72
Château-Gontier.	69	Compostelle en Espag.	107
Châteaulin.	56	Condom.	58
Châteauroux.	60	Conegliano.	98
Château-Salins.	69	Confolens.	49
Château-Thierry.	43	Coni.	92
Châtellerault.	84	Constantinople.	150
Châtillon.	52	Conza.	101
Chaumont.	68	Copenhague.	138
Cherbourg.	67	Corbeil.	80
Chiapa.	189	Cordoue.	108
Chiavari.	93	Corinthe.	105
Chiavenna.	99	Coron.	ibid.
Chietti.	101	Corté.	51

Coséir.	174	Coutances.	67
Cosenza.	102	Cracovie.	148
Cosne.	71	Crême.	99
Cotbus.	132	Crémone.	ibid.
Cotun.	167	Cuença.	110
Coulommiers.	79	Cumana.	193
Courtrai.	116	Cusco.	194

D.

Damas.	154	Domo-d'Ossola.	99
Damiette.	174	Dongola.	177
Dantzich.	130	Dordrecht.	118
Dax.	62	Douai.	72
Delhi.	160	Doulens.	81
Derne.	174	Douglas.	134
Deventer.	118	Douvres.	ibid.
Diarbekir.	155	Draguignan.	83
Die.	55	Dresde.	126
Dieppe.	79	Dreux.	56
Digne.	44	Drontheim.	141
Dijon.	52	Dublin.	137
Dinan.	ibid.	Dunkerque.	72
Dôle.	62	Dusseldorf.	126,132
Domfront.	73		

E.

Edimbourg.	135	Epinal.	85
Elbing.	130	Erzeroum.	154
Elcatif.	156	Espalion.	47
Elisabeth-Town.	187	Este.	98
Elvas.	112	Estella.	109
Embrun.	45	Etampes.	80
Epernay.	68	Evora.	112
Ephèses.	153	Evreux.	55

F.

Falaise.	48	Fermo.	96
Famagouste.	155	Ferrare.	96
Faro.	112	Ferrol (le).	108
Fartach.	156	Fez.	174
Feltre.	98	Figeac.	65

Flessingue. 118
Florac. 66
Florence. 94
Foix. 46
Foligno. 96
Fondrio. 99
Fontainebleau. 79
Fontarabie. 107
Fontenay. 84
Forcalquier. 44
Fougères. 60

Foutcheout. 165
Francfort-sur-le-Mein. 126
——— sur l'Oder. 127
——— (Etats-Unis). 188
Franeker. 118
Frawenfeld. 113
Fréjus. 83
Fribourg (Suisse). 114
Funchal. 183
Furnes. 116

G.

Gaillac. 82
Galloway. 137
Gand. 116
Gannat. 44
Gap. ibid.
Gaza. 154
Gênes. 92
Genève. 114
Georgiensk. 144
Gibraltar. 108
Gien. 65
Girgé. 173
Girone. 109
Glaris. 113
Glasgouw. 135
Glatz. 131
Glogaw. ibid.
Gluckstadt. 127
Goa. 162
Goés. 118
Golconde. 162
Gomron. 158
Gondar. 178

Gorcum. 118
Gothenbourg. 140
Gourdon. 65
Grandisca. 99
Gran. 129
Grasse. 83
Gratz. 127
Gray. 77
Grenade. 108
Grenoble. 61
Grodno. 145
Groningue. 118
Grosseto. 95
Guadalajara. 189
Guadix. 108
Guamanca. 194
Guastalla. 93
Guatimala. 189
Guaxaca. ibid.
Guayaquil. 194
Guben. 132
Guéret. 53
Guingamp. 52

H.

Hambourg. 123
Hanovre. 126
Hangtcheou. 165

Harlem. 117
Hartfort. 187
Hazebrouck. 72

Hermanstadt.	129	Hué.	163
Hyderabad.	162	Huesca.	109
Hola.	139		

I.

Iassi.	150	Irkutsk.	169
Iakoustk.	169	Ispahan.	158
Iconium.	153	Issoire.	73
Iédo.	170	Issoudun.	60
Iéniséisk.	169	Iviça.	110
Inhaqua.	180	Ivrée.	91
Inspruck.	126		

J.

Jacca.	109	Jérusalem.	154
Jaen.	108	Joigny.	86
Jagrenat.	160	Jonsac.	50
Janina.	151	Juda.	176
Jegersdorf.	128	Juilly.	79
Jeroslaw.	142	Juliers.	132

K.

Kaminieck.	145	Kiow.	144
Kamtschatka.	169	Kirin.	167
Kasan.	144	Kirkewal.	156
Katek.	160	Knoxville.	188
Kecho.	165	Kœnigsberg.	130
Kerson.	145	Konieh.	153
Kehué.	163	Kostroma.	142
Kiel.	127	Koursk.	143
Kingkitao.	168		

L.

La Châtre.	60	La Haye.	117
La Conception.	195	Lahor.	159
La Corogne.	108	Lakoutsk.	169
La Flèche.	78	La Mecque.	156
La Guarda.	111	Lamego.	111
Laguna.	183	La Mine.	176
La Havane.	191	La Mirandole.	97

Lancastre.	134	Les Sables-d'Olonne.	84
Lanciano.	101	Leuwarden.	118
Langres.	68	Le Vigan.	57
Lannion.	52	Leyde.	117
Laon.	43	Libourne.	58
La Palisse.	44	Licou-Kieou.	168
La Pieve-de-Cadore.	98	Lille.	71
La Plata.	194	Lima.	194
Larache.	174	Limoges.	84
La Réole.	58	Limoux.	47
L'Argentière.	45	Lisbonne.	111
La Rochelle.	50	Lisieux.	48
Lassa.	168	Livadia.	105
La Tour-du-Pin.	61	Livourne.	94
Lausanne.	114	Loango.	178
Laval.	69	Loches.	61
Lavaur.	82	Lodève.	59
La Vera-Crux.	189	Lodi.	99
Laybac.	127	Lombès.	58
Le Blanc.	60	Londres.	134
Le Caire.	174	Lons-le-Saulnier.	62
Lectoure.	58	Lorient.	70
Le Fort-Royal.	192	Loudéac.	52
Le Fort-Saint-Philippe.	110	Loudun.	84
Le Havre.	79	Louhans.	77
Leipsick.	126	Louisbourg.	191
Leiria.	111	Louisville.	188
Le Mans.	78	Louvain.	115
Lemberg.	129	Louviers.	55
Leng.	163	Lubeck.	125
Léon.	110	Luben.	132
Léopold.	129	Lublin.	148
Lépante.	105	Lucerne.	114
Le Puy.	64	Lugo.	108
Lequeyo-Kien-Tching.	168	Lunden.	140
Lérida.	109	Lunéville.	69
Les Andelys.	55	Lure.	77
L'Escurial.	110	Luxembourg.	116
Lesparre.	58	Lyon.	76

M.

Macon.	77	Mazara.	102
Madras.	161	Méaco.	170
Madrid.	110	Meaux.	79
Maduré.	161	Médine.	156
Maestricht.	118	Mélinde.	181
Magadoxo.	181	Melle.	81
Magdebourg.	126	Melun.	79
Majorque.	110	Memel.	130
Malaca.	163	Mende.	66
Malaga.	108	Mérida en Amérique.	189
Malathia.	153	Messine.	102
Malines.	115	Metz.	70
Malte.	103	Mexico.	189
Mamers.	78	Mézières.	45
Manboné.	180	Middelbourg.	118
Manchester.	134	Milan.	99
Manfredonia.	101	Milhau.	47
Mangalor.	161	Mindanao.	170
Manheim.	126	Minski.	145
Manica.	180	Miranda-de-Douro.	111
Manille.	170	Mirande.	58
Mantes.	80	Mirecourt.	85
Mantoue.	100	Misitra.	105
Mapungo.	178	Missolonchi.	ibid.
Maragnan.	196	Mittaw.	145
Marennes.	50	Moab.	156
Marienbourg.	130	Modène.	97
Marietta.	188	Modon.	105
Marmande.	66	Moissac.	82
Maroc.	174	Moka.	156
Marseille.	48	Molise.	101
Marvejols.	66	Monaco.	90
Marzalquivir.	174	Monbaça.	181
Mascate.	156	Mondonedo.	108
Masulipatan.	161	Mondovi.	92
Matera.	101	Mongale.	181
Mauléon.	74	Mons.	116
Mauriac.	49	Montargis.	65
Mayenne.	69	Montauban.	82

Montbéliard.	54	Monza.	99
Montbrison.	63	Morlaix.	56
Mont-de-Marsan.	62	Mortagne.	72
Montdidier.	81	Mortain.	67
Montfort.	60	Moscou.	143
Montélimart.	55	Mosul.	155
Montepulciano.	95	Moulins.	43
Monterey.	189	Moultan.	159
Montevideo.	198	Moutiers.	90
Montluçon.	44	Mozambique.	181
Montmédy.	70	Mukden.	167
Montmorillon.	84	Munich.	126
Montpellier.	59	Murat.	49
Montréal-en-Sicile.	102	Murcie.	109
—— en Canada.	186	Muret.	57
Montreuil.	73		

N.

Namur.	116	New-Castle.	187
Nancy.	69	New-Yorck.	ibid.
Nangasacki.	170	Nice.	90
Nankin.	165	Nicosie.	155
Nantchant.	ibid.	Nieuport.	135
Nantes.	64	Nimègue.	117
Nantua.	42	Nîmes.	57
Naples.	100	Ningouta.	167
Napoli-de-Romanie.	105	Niort.	80
Narbonne.	47	Nipchou.	169
Natal-los-Reyes.	196	Nisnei-Novogorod.	143
Navarin.	105	Nivelle.	115
Négapatan.	161	Nogent-le-Rotrou.	56
Negpour.	160	Nogent-sur-Seine.	46
Nérac.	66	Nontron.	53
Nersinsk.	169	Noto.	102
Neufchâteau.	85	Nouvelle-Orléans.	186
Neufchâtel.	79	Novare.	99
Neufchâtel.	113	Novi.	92
Nevers.	71	Novogorod-Veliki.	143
New-Aberdeen.	135	Nyons.	55

O.

Odensée.	158	Orensé.	108
Odessa.	144	Orihuella.	109
Old-Aberdeen.	135	Oristagni.	104
Oléron.	74	Orléans.	65
Olinde ou Fernambouc.	196	Orthès.	74
Olmutz.	128	Osma.	109
Olonec.	142	Ostende.	116
Onore.	162	Otrante.	101
Opatow.	148	Oudenarde.	116
Oppelen.	131	Ougly.	161
Oran.	174	Oviédo.	107
Orange.	83	Oware.	176
Orembourg.	144	Oxfort.	134

P.

Padang.	171	Perm.	144
Padoue.	98	Péronne.	81
Paimbeuf.	65	Perpignan.	75
Palencia.	110	Perouse.	96
Palerme.	102	Peterwaradin.	129
Paliacat.	161	Petit-Dieppe.	176
Pamiers.	46	Pezaro.	96
Pampelune.	109	Philadelphie.	187
Panama.	193	Piave.	98
Para.	196	Pignerol.	92
Paraïba.	ibid.	Pillau.	130
Paramaribo.	197	Pise.	95
Paris.	78	Pistoie.	94
Parme.	93	Pithiviers.	65
Parthenay.	81	Plaisance.	93
Patras.	105	Plaisance dans l'île de Terre-Neuve.	191
Pau.	74	Ploczko.	148
Pavie.	99	Ploermel.	70
Pégu.	163	Pointe-à-Pitre (la).	192
Pékin.	165	Poitiers.	84
Peichyor.	158	Poligny.	62
Pensacola.	188	Pondichéry.	161
Penza.	144	Pontarlier.	54
Périgueux.	53		

Pont-Audemer.	55	Portsmouth.	1
Pontivy.	70	Posna.	13
Pont-l'Evêque.	48	Potosi.	194
Pontoise.	80	Pouanah.	160
Pontrémoli.	95	Prades.	75
Popayau.	193	Prague.	128
Pordenone.	98	Presbourg.	ibid.
Portalègre.	112	Privas.	45
Portland.	188	Providence.	187
Port-Mahon.	110	Provins.	79
Port-Maurice.	93	Provoaçan.	183
Porto.	111	Pskolf.	142
Porto-Bello.	193	Pujet-Theniers.	90
Porto-Securo.	196		

Q.

Quangtcheou.	165	Quiloa.	181
Québec.	186	Quimper.	56
Queiling.	166	Quimperlé.	ibid.
Queyang.	ibid.	Quito.	194

R.

Raleig.	187	Rieti.	96
Rambouillet.	80	Riga.	143
Rangouon.	162	Rio-de-la-Hacha.	193
Ratibor.	131	Rio-Janéiro.	196
Ratisbonne.	126	Riom.	75
Ravenne.	96	Roanne.	63
Redon.	60	Rochechouart.	85
Reggio.	102	Rochefort.	50
Reggio.	97	Rocroy.	45
Reims.	68	Rodez.	47
Remiremont.	85	Rome.	96
Rennes.	60	Romorantin.	63
Rethel.	45	Rossano.	102
Revel.	143	Rotterdam.	118
Révéro.	100	Rouen.	79
Rhodes.	155	Rozette.	174
Ribeira.	183	Ruffec.	49
Riberac.	53	Ruremonde.	116
Richemond.	187	Rypen.	138
			S.

S.

Saint-Affrique.	47	Saintes.	50
Saint-Amand.	50	Salamanque.	110
Saint-André.	135	Salé.	174
Saint-Augustin.	88	Salerne.	101
Saint-Brieuc.	52	Salonique.	151
Saint-Calais.	78	Saltzbourg.	126
Saint-Claude.	62	Saluces.	92
Saint-Denis.	78	Samarcand.	158, 168
aint-Dié.	85	Sancerre.	50
nt-Etienne.	63	San-Domingo.	192
int-Flour.	49	San-Iago.	191
nt-Gall.	113	San-Iago-Al-Angel.	193
t-Gaudens.	57	San-Iago, dans le Chili.	195
t-Girons.	46	San-Salvador.	178
-Hélier.	135	—— au Brésil.	196
-Jean-d'Angély.	50	San-Severina.	102
an-de-Maurienne.	90	Sandomir.	148
an-de-Porto-Rico.	192	San-Remo.	93
on-de-Nicaragua.	189	Santa-Fé.	190
t-Lô.	67	Santa-Fé de-Bogota.	195
t-Malo.	60	Santhia.	91
t-Marcellin.	61	Saragosse.	102
t-Mihiel.	70	Saratow.	144
t-Omer.	73	Sarlat.	53
t-Paul (Brésil).	197	Sarrebourg.	69
t-Paul, de Loanda.	178	Sarreguemines.	71
t-Pétersbourg.	148	Sartène.	51
t-Pierre.	135	Sarzana.	95
t-Pol.	73	Sassari.	104
t-Pons.	59	Saumur.	67
t-Quentin.	43	Savenay.	65
t-Sébastien.	182	Saverne.	75
ébastien, au Brésil.	196	Savone.	93
t-Sever.	52	Sceaux.	78
t-Thomas.	197	Schaffouse.	114
t-Vincent.	196	Schelestat.	75
t-Yrieix.	85	Schio.	98
te-Marthe.	193	Schiras.	158
te-Menehould.	68	Schweidnitz.	151

Schwitz.	113	Smyrne.	153
Scutari.	150	Sofala.	180
Sedan.	45	Soissons.	43
Séez.	73	Soleure.	114
Ségorbe.	109	Solsone.	109
Ségovie.	ibid.	Songo.	177
Segré.	67	Sorrèze.	82
Sémana.	159	Sowardel.	136
Sémur.	52	Spanish-Town.	191
Senlis.	72	Spezia.	93
Sennaar.	177	Spilemberg.	98
Sens.	86	Spiritu-Sancto.	196
Sérégippe.	197	Spolette.	96
Séringapatam,	162	Stantz.	113
Séville.	108	Stettin.	127, 131
Siam.	168	Stockolm.	139
Siara.	196	Strasbourg.	75
Sienne.	95	Stralsund.	127, 131
Siguença.	109	Strigonie.	129
Sijilmessa.	175	Stutgard.	126
Singnan.	165	Suaquem.	178
Sinigaglia.	96	Suez.	174
Sion.	113	Surate.	160, 162
Sisteron.	44	Sus.	175
Sivas.	153	Suze.	92
Skalholt.	139	Syène.	173
Sleswick.	138	Syracuse.	102
Smolensk.	143	Syriam.	163

T.

Tabasco.	189	Targovist.	150
Tafilet.	175	Tarragone.	109
Taiouan.	165	Tarudan. *V*. Sus.	
Taman.	169	Tauris.	158
Tamaraca.	196	Tavira.	112
Tamarin.	183	Tayven.	165
Tambouctou. *V*. Tombut.		Tcherkask.	144
Taraçona.	109	Tchington.	165
Tarascon.	48	Téflis.	168
Tarbes.	74	Tébéran.	158
Tarente,	101	Temeswar.	129

Terki.   169   Tournon.   45
Termonde.   116   Tours.   61
Teruel.   109   Trani.   101
Thiers.   73   Tranquebar.   161
Thionville.   71   Trébisonde.   153
Titcicar.   167   Trente.   127
Tivoli.   96   Trévise.   98
Tlascala.   189   Trévoux.   42
Toam.   137   Trieste.   127
Tobolsk.   169   Tripoli, de Syrie.   154
Tokai.   128   Tripoli, de Barbarie. 174
Tolède.   110   Tripolita.   105
Tombut.   177   Troyes.   46
Tondern.   138   Truxillo.   194
Tonge.   180   Tsinan.   165
Tonnerre.   86   Tudela.   109
Tonsa.   170   Tulle.   51
Tor.   156   Tunis.   174
Tortone.   92   Turfan.   167
Tortose.   109   Turin.   91
Toul.   69   Tutucurin.   161
Toulon.   83   Tuy.   108
Toulouse.   57   Twer.   142
Tournai.   116   Tzé-Hol.   167

U.

Udine.   98   Urgel.   109
Ulm.   126   Ussel.   51
Ummerapoura.   162   Utrecht.   118
Upsal.   140   Uzès.   57
Urbin.   96

V.

Valdivia.   195   Varallo.   99
Valence (Drôme).   54   Varna.   150
Valence en Espagne.   109   Varsovie.   148
Valladolid en Espag. ibid. Vassy.   68
——— au Mexique.   189   Velletri.   96
Valognes.   67   Vendôme.   63
Valparaiso.   195   Vénézuéla.   193
Vannes.   70   Venise.   98

Verceil. 91
Verdun. 70
Vérone. 99
Versailles. 80
Vervins. 43
Vesoul. 77
Vicence. 98
Vich. 109
Vienne. 61
Vienne en Autriche. 127
Vigevano. 99
Villa-San-Georgio. 196
Villefranche (Aveyron). 47
—— Haute-Garonne. 57
—— Rhône. 76

Villeneuve-d'Agen. 66
Vincennes (États-Unis). 188
Vire. 48
Visapour. 160
Viseu. 111
Viterbe. 96
Vitré. 60
Vitry-sur-Marne. 68
Vittoria. 107
Viviers. 45
Voghera. 92
Vologda. 142
Voltera. 95
Voutchan. 165
Vouziers. 45

W.

Washington. 188
Wesel. 132
Wibourg. 138,142

Wilna. 145
Witepsk. ibid.
Weisseimbourg. 75

Y.

Yarkend. 167
Yorck. 134
Ypres. 116

Yssingeaux. 64
Yunnan. 166
Yvetot. 79

Z.

Zambacé. 180
Zamora. 110
Zeila. 182
Zierickzée. 118
Zitomiers. 145

Zug. 13
Zurich.
Zutphen.
Zwoll.

FIN DE LA TABLE DES VILLES.

AVIGNON, DE L'IMPRIMERIE D'A. CHAMBEAU.

dispute devint si vive, que Joconde, comme celui qui devoit du respect à l'autre, lui proposa de réveiller Flamette, & de s'en rapporter à sa décision. La pauvre petite devint tremblante, lorsqu'elle les vit tous deux courroucés, & lui demander d'un ton impérieux, quel étoit celui des deux avec lequel elle n'avoit pas cessé de causer toute la nuit. Après bien des pleurs & quelque résistance inutile, la pauvre Flamette leur cria merci, les conjura de lui pardonner, & leur raconta naïvement toute son aventure.

Astolphe & Joconde, étonnés, confondus, se regardent fixement, restent un moment dans une espece d'admiration stupide, en se voyant trompés tous les deux par cette ruse incroyable. A la fin ils font un si violent éclat de rire, qu'ils se laissent tomber sur le lit la bouche ouverte, les yeux fermés, & dans une convulsion si qu'ils en perdoient haleine; ils

AH! que l'esprit humain a peu de retenue, & que ses résolutions sont variables; un rien suffit quelquefois pour détruire nos premiers projets, & de tous les sentiments qui nous affectent, il n'en est pas de moins durables que ceux qu'un dépit amoureux a fait naître. Nous avons vu Rodomont s'emporter à l'excès contre les femmes, jetter feux & flammes contre elles, passer même de beaucoup les bornes du mal qu'on peut imaginer d'elles, on auroit cru qu'aucune n'auroit jamais pu l'appaiser. Ah! que ce maudit Sarasin m'indignoit en parlant ainsi! que je désirois pouvoir le confondre! sexe charmant, il m'est bien doux enfin de pouvoir vous défendre dans mes chants, & de prouver à l'univers que Rodomont eût mieux fait de se mordre la langue & se taire que d'exhaler une rage impuissante contre vous. L'expérience va bien démontrer quelle étoit son imbécille folie, & qu'il